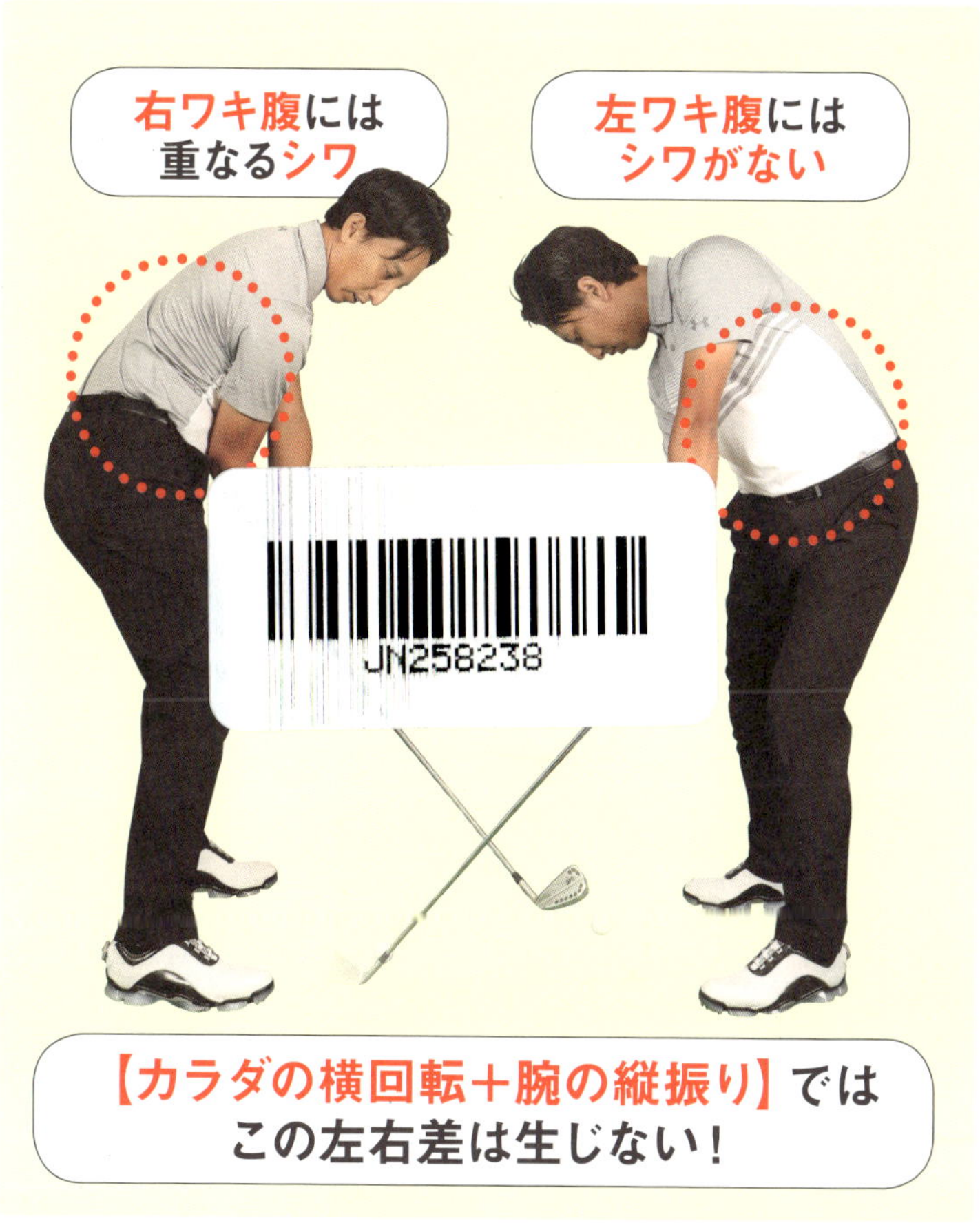
右ワキ腹には
重なるシワ
左ワキ腹には
シワがない
【カラダの横回転＋腕の縦振り】では
この左右差は生じない！

〘ザ・リアル・スイング＝ゴルフ新常識〙がわかればうまくなる！

科学が解明したゴルフ新常識

「ザ・リアル・スイング」が見えてきた！

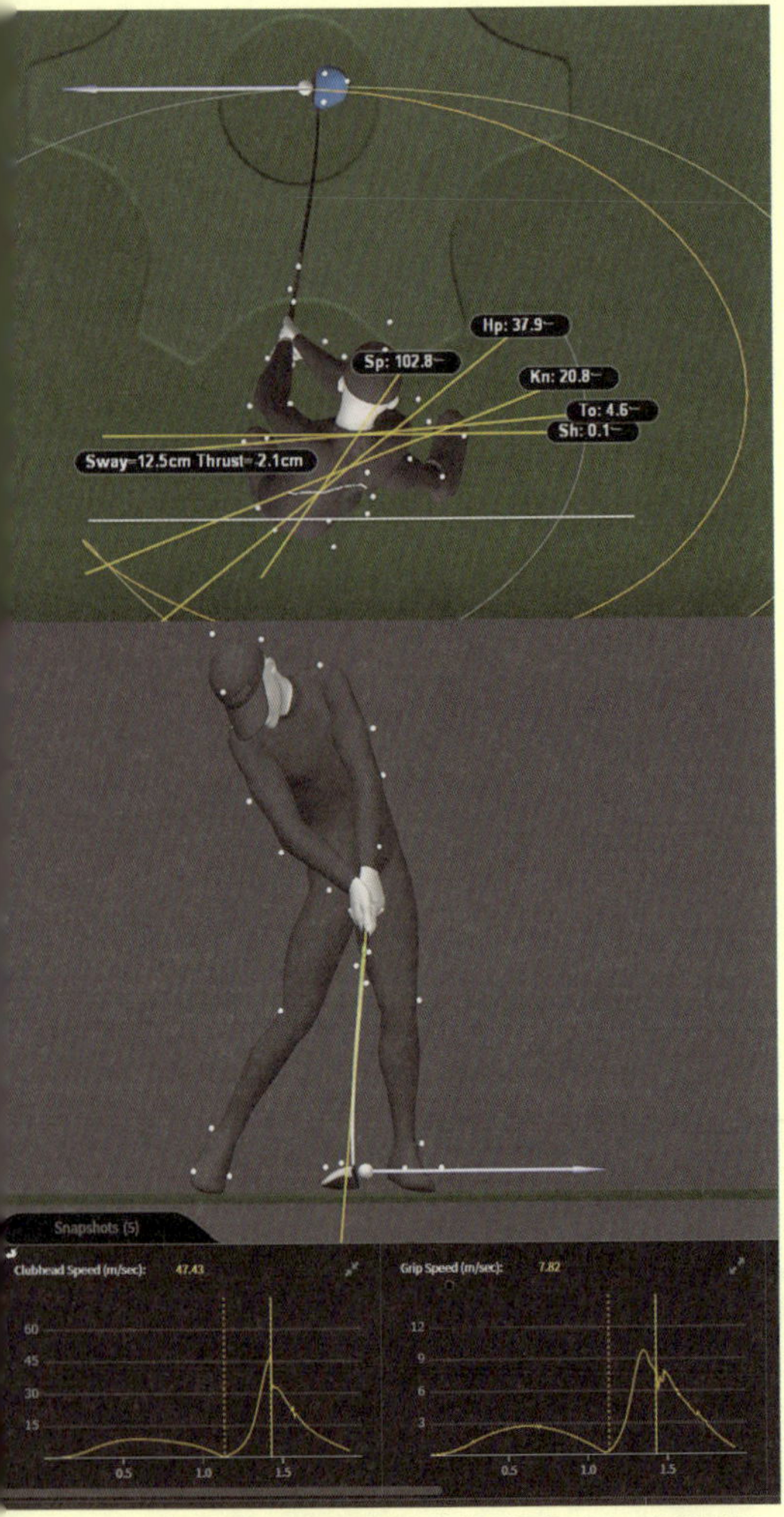

カラダ各部の動きを数値化し、時間軸に沿ってグラフ化したりCGで可視化する

最先端の測定システムが、ゴルフスイングの研究と指導に多数の新常識をもたらした。
たとえば、GEARS（ギアーズ）はジョーダン・スピースが「ゴルフスイングのMRIだ！」と評した、まさにこれまでは見えなかったスイング動作の〝リアル〟をはっきりと見せてカルテにしてくれる装置だ。

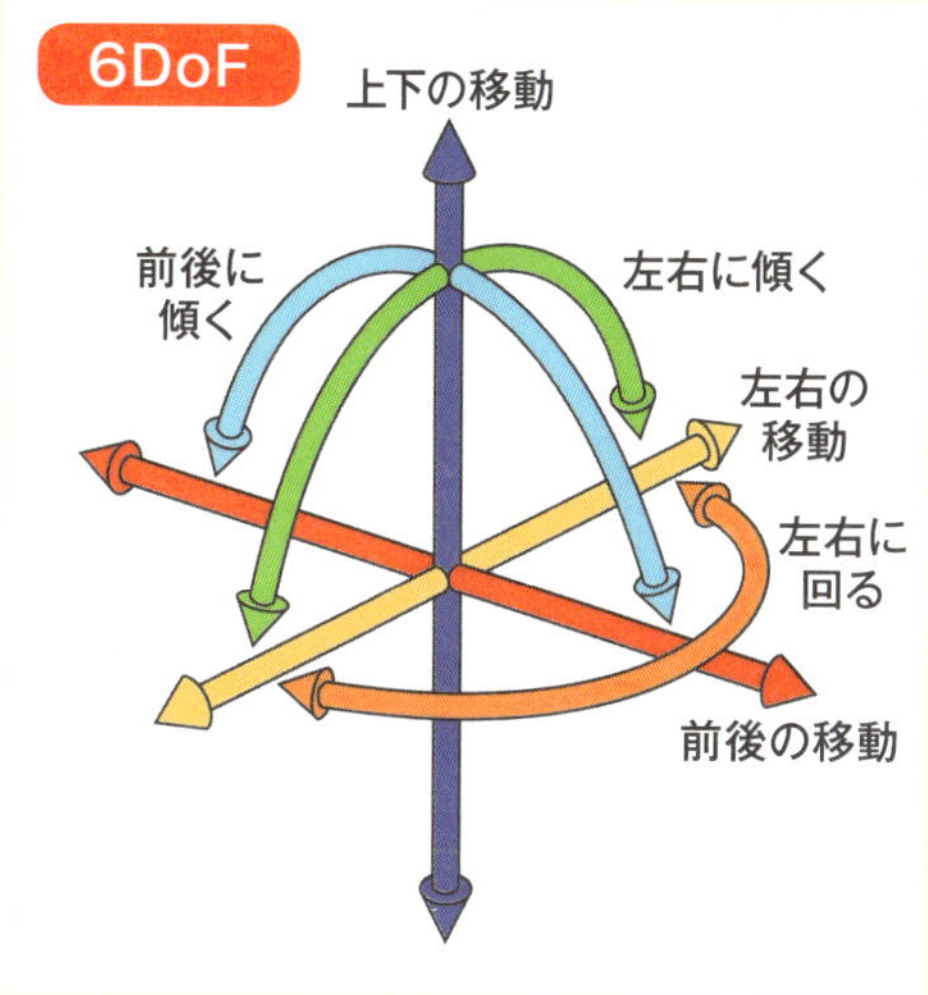

物体の動きは、3方向の移動に3方向の回転が加わり、合計6方向の動きで成り立っている

クラブとカラダの動きを3次元で計測し、CGとして360度どの角度からでも再現してくれる。3次元の計測により「3方向の移動＋3方向の回転」という「6方向の自由度」でカラダの動きを分析する。

今まであやふやだったゴルフスイングのメカニズムが、非常に具体的に可視化されてきた。より具体的なイメージを抱いてスイングづくりに取り組めるのだ。

ゴルフ新常識 1

プロのようなスイングはつくれない

動きには「6方向の自由度」がある

バックスイングで
必要な動き①
回転

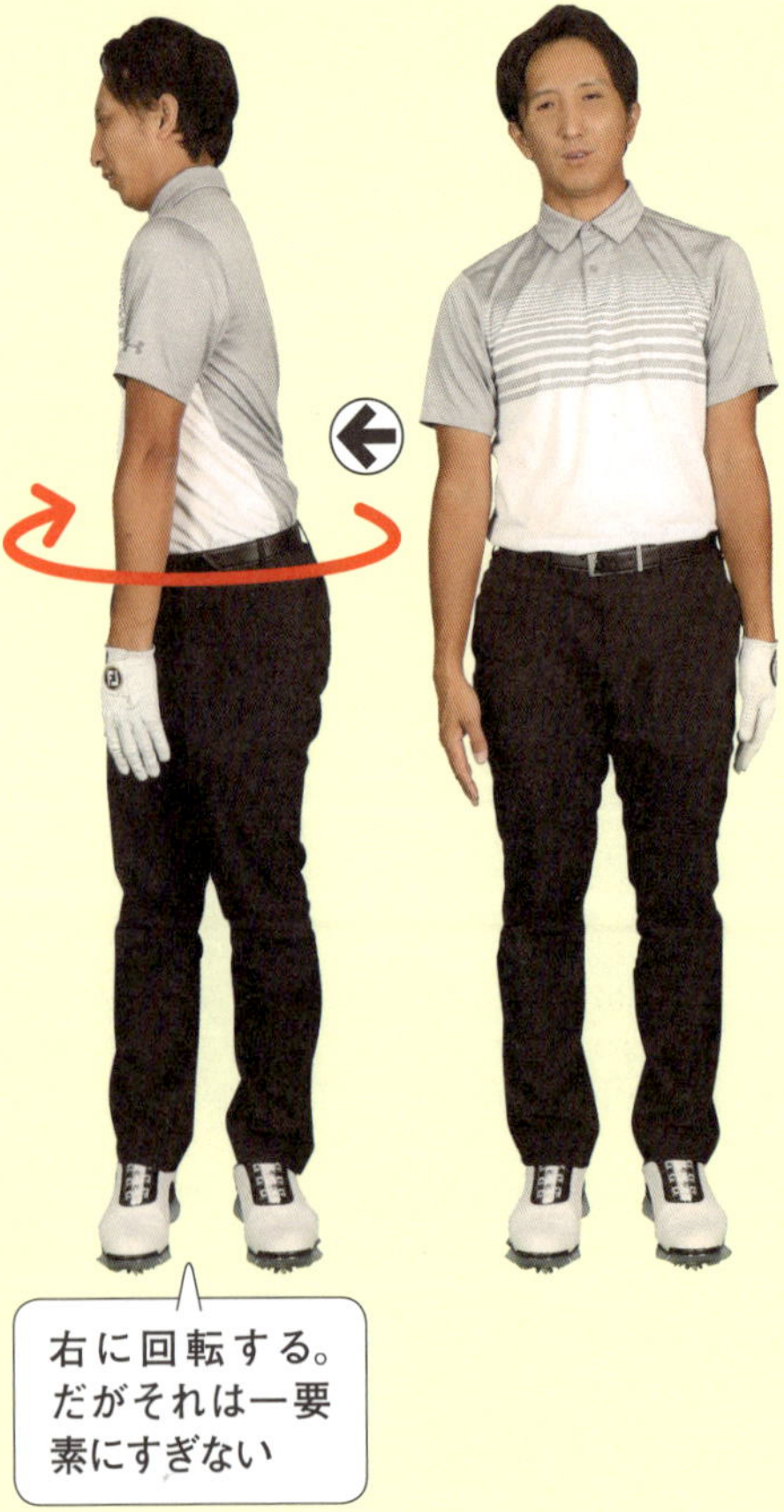

右に回転する。
だがそれは一要
素にすぎない

回転だけではなく側屈（そっくつ）が入らなければ

← 28ページから

バックスイングで
必要な動き②
左に側屈

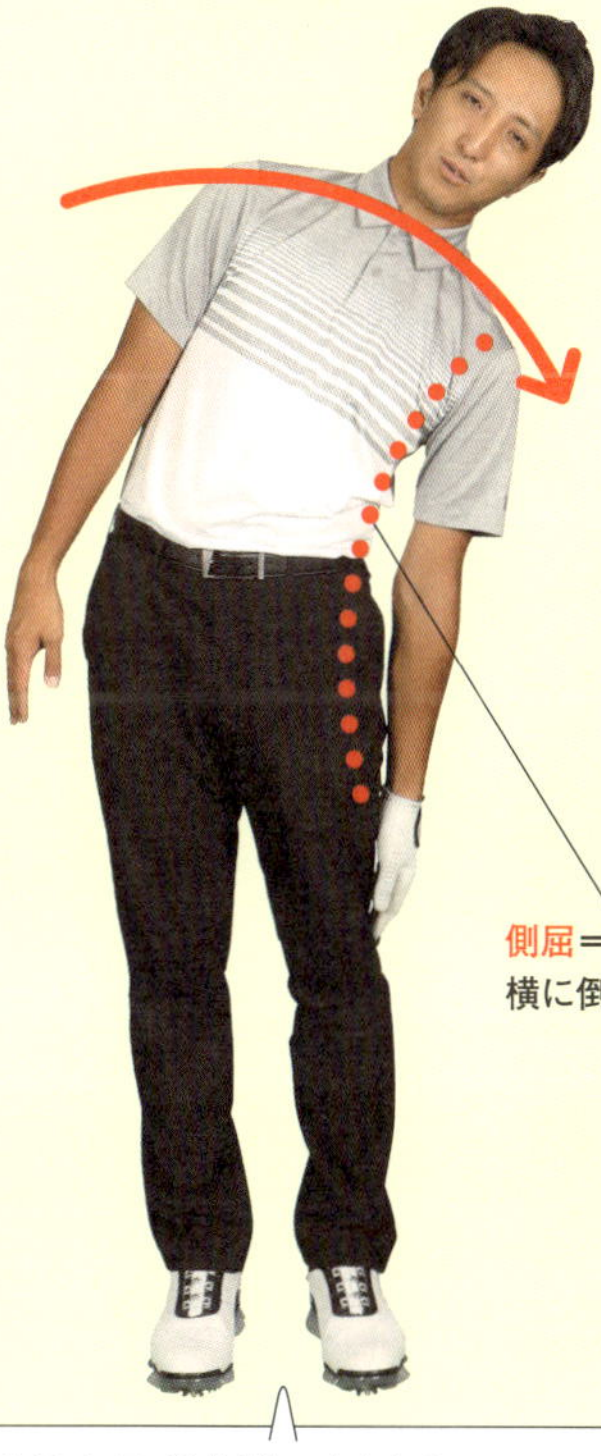

側屈＝上半身を
横に倒す動き

側屈、つまりカラダを横に倒すなんて、そんな動きがスイングの中にあるはずがない！　と思っている限りプロのようなスイングはつくれない！

の折り曲げに切り替わっている

ゴルフ新常識

2

前傾のキープは側屈への切り替えで完成する

アドレス
胸の前傾

アドレスでの胸の前傾は、トップでは左側面

← 54ページから

「前への傾きが横への傾きに変わる」

回転に合わせて左に側屈し、左右の肩の高さに差をつけるから、腕で上げ下げしなくても腕とクラブは上がっていく

胸の前傾を意識したり軸をキープした回転だけでは、腕もクラブも上がっていかない

ゴルフ新常識
3

切り返し後、右に側屈しながら回転する

“肩の入れ替え”とは左から右への側屈の入れ替え

ダウンスイングで
必要な動き②
右に側屈

＋

ダウンスイングで
必要な動き①
回転

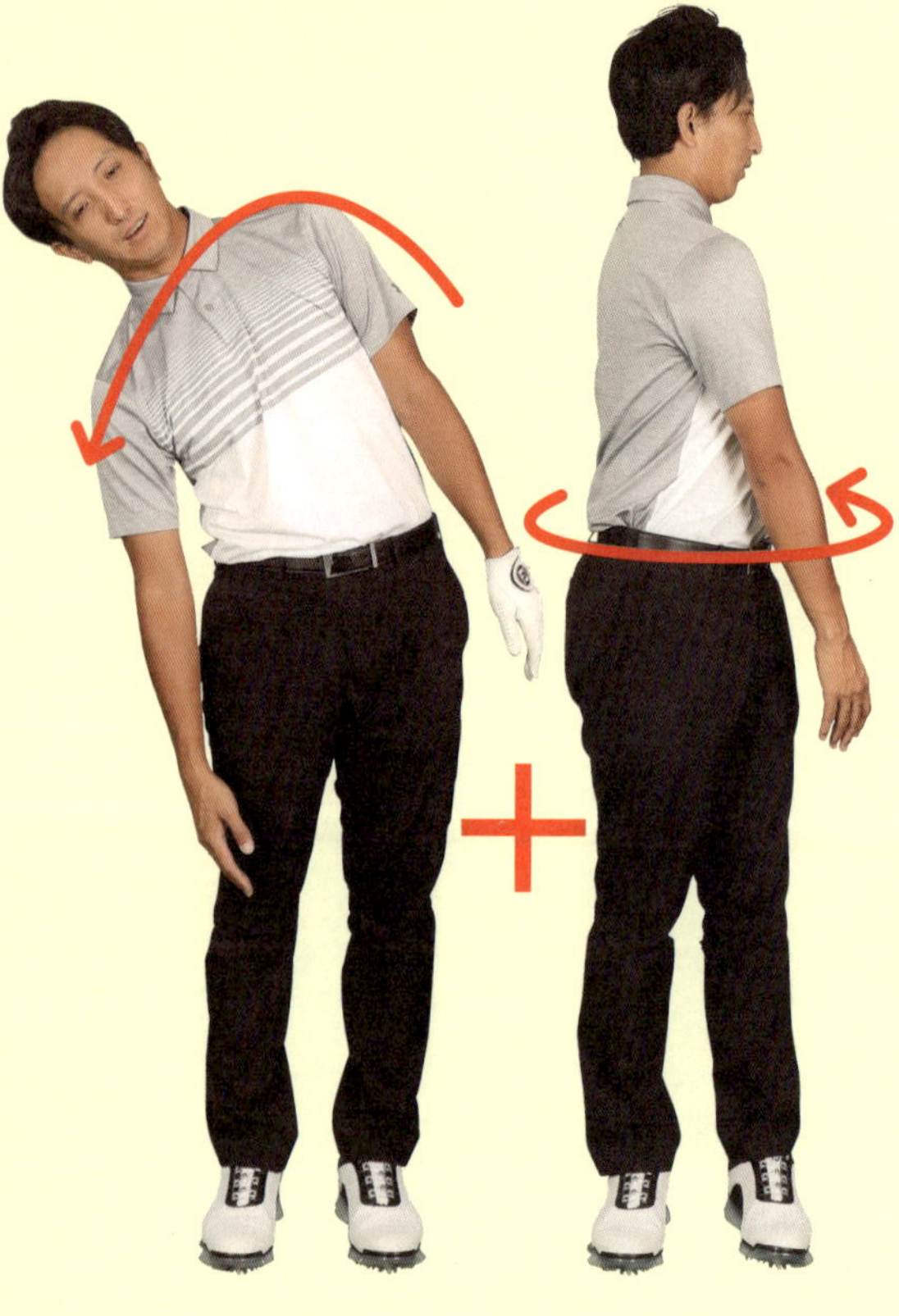

トップの左肩の位置に右肩を入れ替えるには

← 70ページから
「回転、側屈、スライド、伸展をタイミング良く使う」

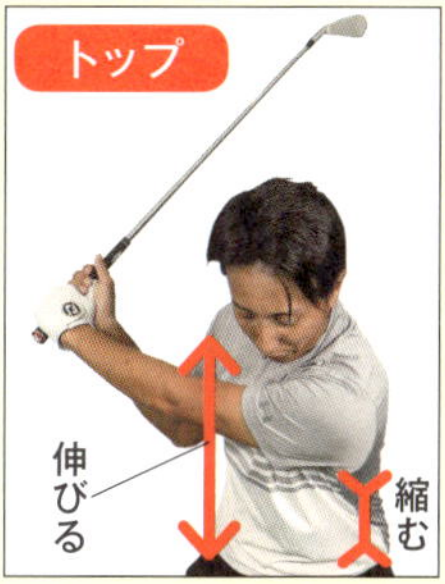

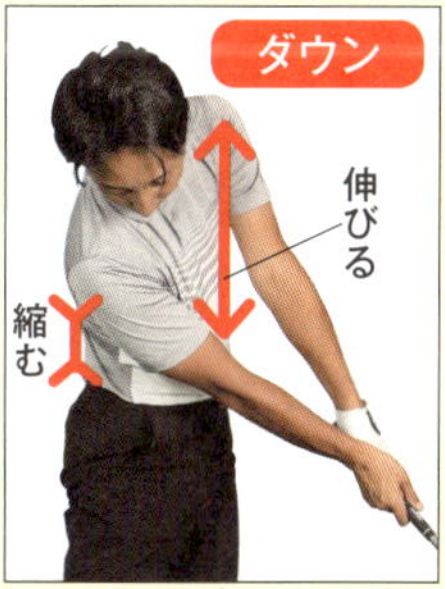

トップでは左ワキが縮み、右ワキが伸びる。ダウンスイングでは右ワキが縮み、左ワキが伸びる。この側屈の入れ替えが必要

右に側屈しながらお腹を引っ込めるように使うことで、手とクラブをインから下ろせる。肩は縦に回転する感覚だ

新常識のスイングを身につける

STEP1

側屈ドリル

肩の前に棒をあてがい

バックスイングで左肩を地面に

カラダの横回転しか意識がないと、肩は水平に回り、左肩は地面を向かない

側屈を入れるには、両肩を結ぶラインの傾斜が深くなるようにカラダを回す

ダウンスイングで右肩を地面に向ける

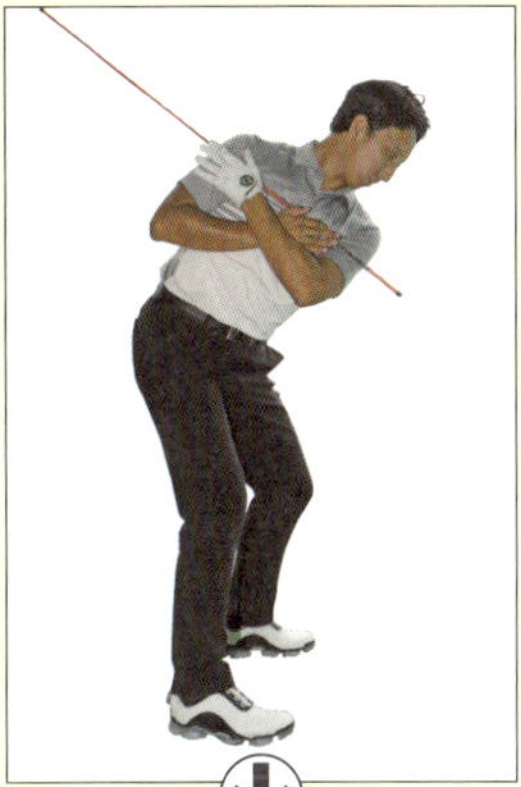

ダウンスイングでは遠心力で前傾が起こされやすい。そのためダウンスイングでは肩の傾斜をより強くする意識をもつといい

ダウンスイングをしながら右肩を下げる。そのためには右に側屈することが必要となる

新常識のスイングを身につける

STEP2

お腹を回せ！ドリル

バックスイングではお腹を回す

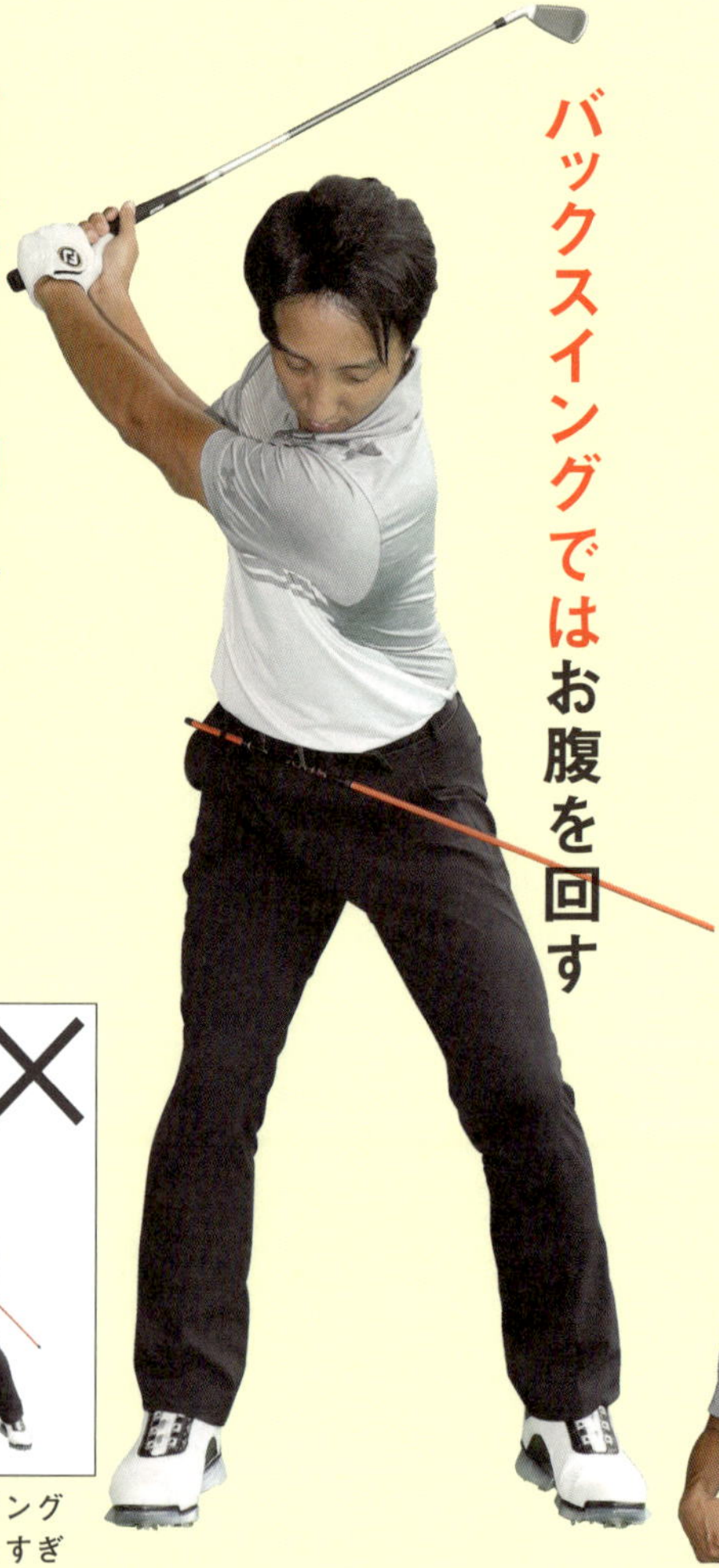

肩は大きく回るが腰の動きは控えめ

バックスイングで腰を回しすぎるのは逆効果。捻転差が小さくなってしまう

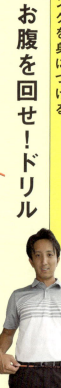

ダウンスイングではお腹を回せば腰も回る

「お腹リード」でインパクトに導く

腕を振ってインパクトをつくっても、下半身は逆回転を起こしてエネルギーロスとなる

新常識のスイングを身につける

STEP3 さらにお腹を回すドリル

左の尻ポケットを後ろから右手で引っぱる

右手を背中に回し、左の尻ポケットに引っかける。左後ろに引っぱればダウンスイングがはじまる。お腹が大きく回れば左手一本でも強い球が打てる。お腹を回せば腕を振らなくていいからだ

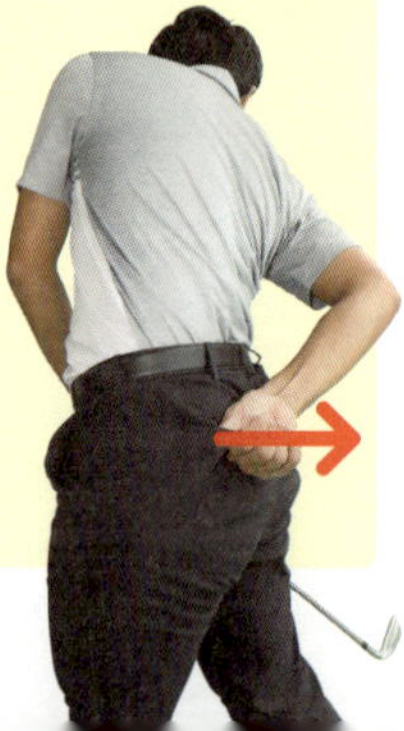

お腹を回せば回すほど腕を振らなくてすむ

お腹の動きが小さいと腕を振るしかない。それでは強い球はなかなか打てない

腰は横回転でも肩は縦回転

これは〖6方向の自由度〗を
取り入れた
真のスイングのメカニズム。
視覚化されたスイングの世界を
あなたにも見ていただこう！

上達への最短ルート！

ザ・リアル・スイング

THE REAL SWING

科学が解明した「ゴルフ新常識」

ツアーコーチ
奥嶋誠昭 著
Tomoaki OKUSHIMA

はじめに

ゴルフをはじめてからこれまでに、上司から、友達から、ゴルフがうまい人から、プロから教えてもらって、あるいは本や雑誌で読んだり、テレビで見て「常識」だと思っていたことがたくさんあると思う。

私もそのひとりで、たくさんの思い込みがあった。ひとえに「客観的事実」についての情報が少なかったからだ。

近年、ゴルフに関するさまざまなことが明らかになってきた。研究機関などでは当たり前のことだとは思うが、一般レベルでもハイスピードカメラでインパクトやボールの動きが可視化され、カラダ各部やクラブの動きはモーションキャプチャーなどで分析され、誰もがリアルなスイングの客観的事実を数値や3D画像、映像で見られるようになってきた。

それにしたがい、スイングの指導シーンでも、今までの「感覚的表現」から、バイオメカニズムの専門用語や、数値そのものでスイングが表現されるようになってきた。

これまで、ことゴルフのことになるとすごい人たちでさえ、考え方が論理的でなかったり、客観性を欠いたものに変わってしまう場面をたくさん見てきた。他人に伝えようとしたり、アドバイスしようとするときに、その人の個人的な感覚をベースにした説明の仕方にしかなっていないのだ。

ゴルフって、本当に不思議なスポーツだと思う。

感覚が悪いわけではない。感覚も当然必要。でも、他人に伝える方法としては自分の感覚は相応しくない場合が多い。多すぎる。

科学が明らかにしたスイングの客観的な事実を、誤解が発生しようのない方法で伝えることができれば……とつねづね想いを募らせてきた。正しい知識と感覚がわかれば、上達はとっても早いはずである。

少しでも世の中のゴルファーにうまくなってもらいたい。だから、カン違いしていることに関しては正しい知識を知ってもらいたい。そう願って、今わかっていることをできる限りこの本に詰め込んだ。この本がうまくなるためのきっかけになってくれればと思う。

ひねくれた言い方になってしまった部分も、中にはある。読んでカチンとくるかもしれない。でも、そうなるのは、そこに大きなカン違いが横たわっているから。「うまくなるため」と思って、大きな心で受け止めていただけると、上達に必ずつながると信じている。

奥嶋誠昭

ザ・リアル・スイング

THE REAL SWING

科学が解明した「ゴルフ新常識」

目次

CONTENTS

CONTENTS

第3章

ハイスピードカメラ、弾道測定器が明らかにしたインパクト

CONTENTS

第4章

シャフトマックスや足圧計で明らかになったこと 133

第5章

最新のゴルフ理論を上達につなげるために 147

CONTENTS

編集協力　長沢 潤
写真　相田克己
装丁・本文デザイン　鈴木事務所
DTP　加藤一来
取材協力　フライトスコープ
㈱ノビテック
ヒルトップ横浜クラブ

第1章

スイングの真実は「6方向の自由度」で見えてくる

ザ・リアル・スイング
THE REAL SWING

【回転＋前傾＝スイング】？

ゴルフスイングの動きは横と縦だけではない

ゴルフスイングは「カラダは横に（回し）、腕は縦に（上げ下ろす）」と言われてきた。それに納得しない人たちもいて、

「イヤイヤイヤ、横だけだよ」

「イヤ、ゴルフスイングは前傾しているんだから3Dで考えなきゃ」とも……。

それが、ここ数年でモーションキャプチャーや超ハイスピードカメラでゴルフスイングの動きが可視化されてきたため、**『6方向の自由度（6DoF／シックス・ディーオーエフ）』**という発想を元に説明されるようになってきている。

この6DoFというのは運動学やロボット工学で使われる考え方で、人型ロボットをつくったり、CGで人間らしい動きを表現する際に使われている。昔のロボットやCGなどに比べて、現在のそれらは驚くほど〝自然に〟動くようになったが、この考えが出てきた

ことがベースになっているのだ。**3次元において可能な動き（動きの自由度）は、前後、上下、左右の3方向の移動に加え、それぞれの座標軸に沿った回転があるため、3＋3で6となる**、ということ。横＋縦どころではないのだ。

すでにゴルフスイングはそういう概念で分析する時代になっている。ゴルフスイングに必要な動きはこの〝6〟種類に応じている、ということ。それを知ったほうが確実に上達する時間を短縮させることができる！

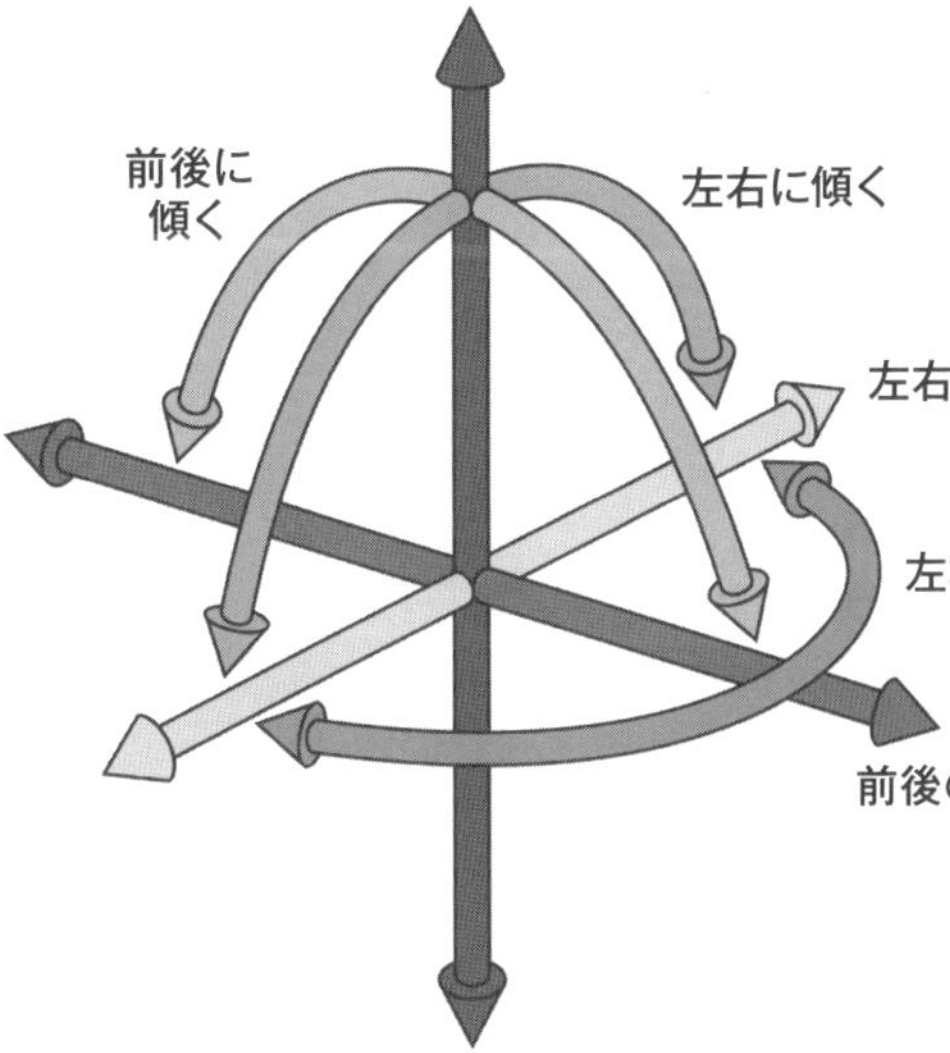

6DoF（6 Digrees of Freedom＝動きの自由度が6）
3次元において剛体がとりうる動きの自由度は6方向。前後、上下、左右の3次元に加え、それぞれの座標軸に沿って回転できるため6となる

スイングで起きている動きは6種類

ゴルフスイングの中で実際に起きている動きも、もちろん6DoFベースに成り立っている。まず体幹に限って話せば、体幹は6つの次元に対して自由なので、6種類だ。説明しよう。3次元なので、動きの軸は3つある。上下軸、左右軸、前後軸の3つだ。

これらの軸に沿った動きが3つ。

①上下軸に沿った動き　＝　屈曲・伸展（lift）（上下の動き）
②左右軸に沿った動き　＝　スライド（slide）（左右の動き）
③前後軸に沿った動き　＝　スラスト（thrust）（前後の動き）

そして、さらに3つの軸を中心として回る動きがある。

④上下軸を中心とした動き　＝　回転（turn）
⑤左右軸中心の動き　＝　前傾・後傾（bend）
⑥前後軸中心の動き　＝　側屈（side bend）

これらのどの動きもスイングの中で使われている。前傾軸をキープして（つまり③や⑤の動きをゼロにして）、捻転（④の動き）だけしているのではない。たとえ意識していなくても……。それが事実だ。

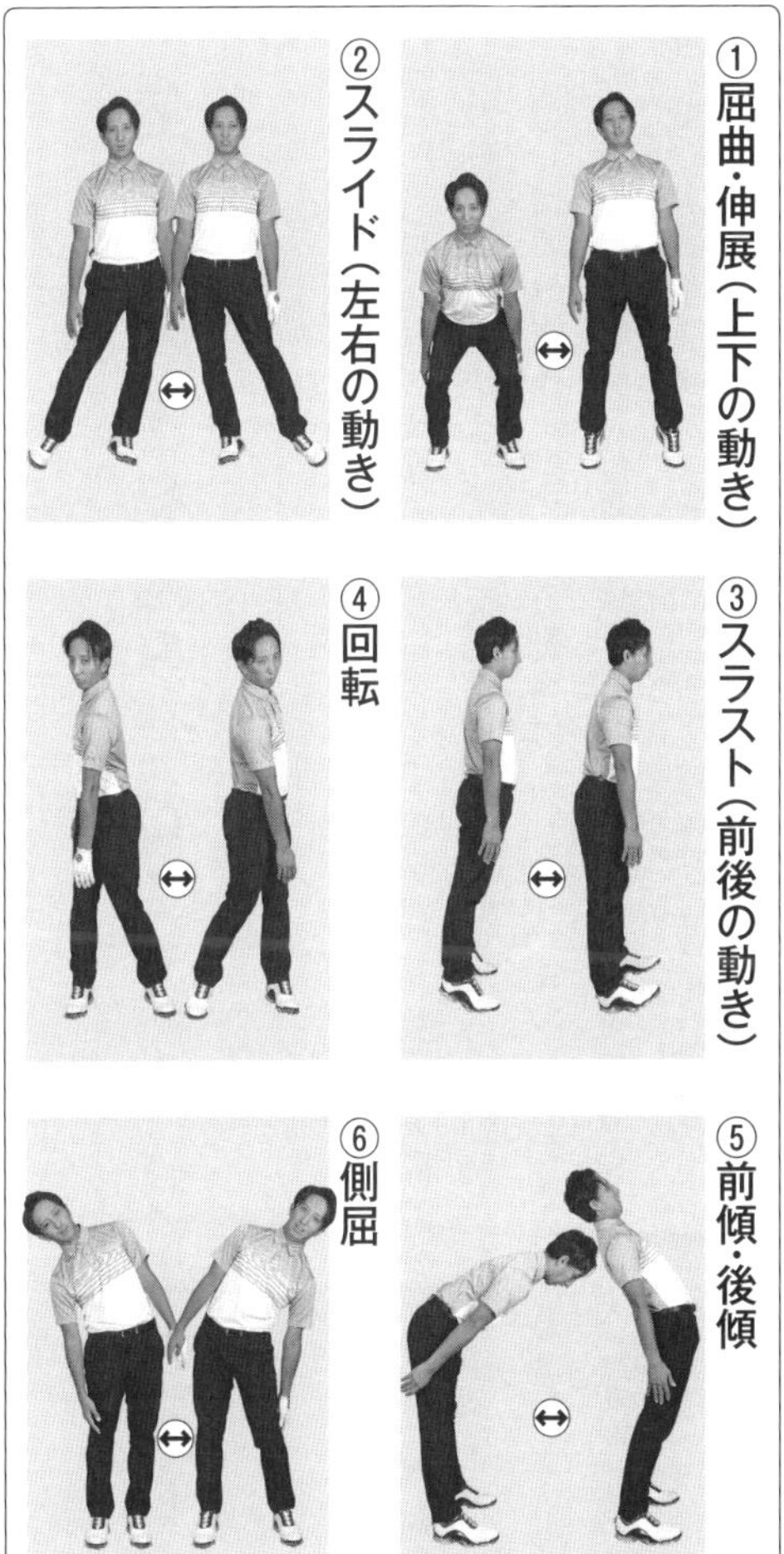

3つの軸に沿う方向の動きとそれぞれの軸を中心にした旋回の動きで、合計6種類。体幹を使ってのこうした動きに、四肢の動きがつながる

スイングの動きは実はすごく複雑

全身の動きを組み合わせてつくり上げるもの

専門用語をいきなり使ってしまったので、面食らったかもしれない。

そもそも動きは、関節の構造によって決まってくる。人間のカラダには関節があり、それぞれ動く方向が決まっていて、それぞれの動きには可動域がある。

では「ゴルフスイングで使う動きはどれ？」「使わない動きはある？」

その答えは、すべての動きを使う可能性がある、ということ。「どこかを止めて、どこを横、どこを縦に動かせばいい」というものではないということだ。

〝可能性がある〟と説明したのは、使わなくていい部分ももてる、ということ。どこかの動きが悪ければ、そこを無理に使わなくても、ほかの動きで補うことができる場合が多いからだ。

アドレスからフィニッシュまで2秒弱のスイングの中でこれらの動きが組み合わさり、複合的に絡み合いながらゴルフスイングになっている。

まずはこの事実を受け入れてほしい。

体幹以外に動く部分はまだまだある

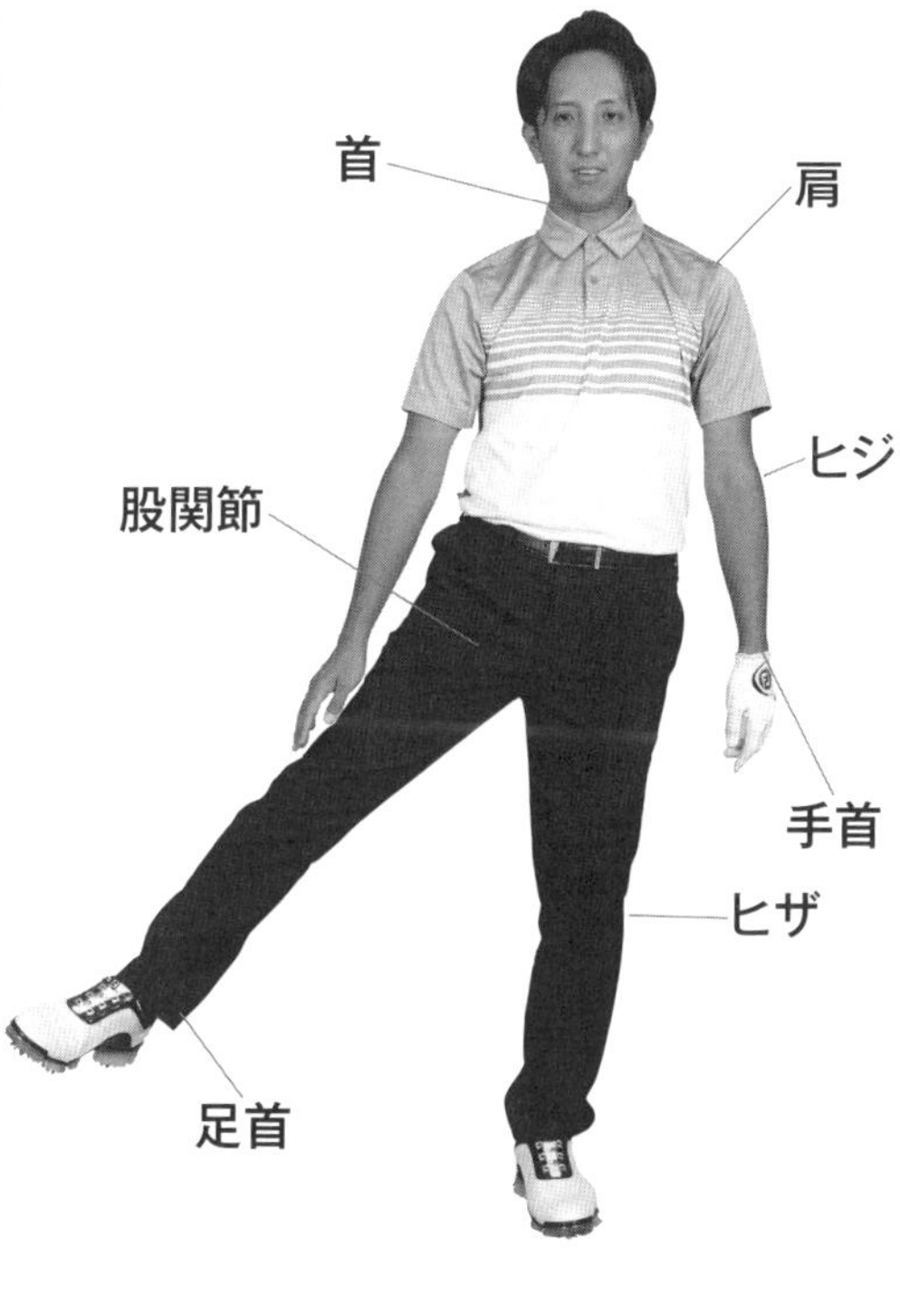

「どの関節を使ってはいけない」ということはない。どの関節でも使えば筋肉のエネルギーを出せる。どの動きをどのくらい使うか、問題はそこにある。人それぞれパターンは違っていい

人それぞれ動かし方の感覚が違う

動かし方の順序、度合いの違いで別々の理論になる

「人体はこれだけいろいろな動きができ、スイングですべてを使っている」と言っても、「でも、スイングにとってエラーになる動きもあるはず」と反論がきそうだ。

しかし、全部使っている。

つまり「このタイミングで使うとエラーになるけれど、違うタイミングで使えばスイングのエネルギーを大きくする」ということだ。いつ使うか、どのくらい使うかの問題なのだ。

また、それぞれの動きについて、大きさ、スピード、使うタイミングが、人によって違ったりする。それが、スイングの個性になっている。

ゴルフ理論もそうだ。

これらの組み合わせ方によって、それぞれの理論が構築されている。組み合わせ方の数だけ理論が存在するということだ。

どれも間違いではない。誰にでも当てはまる「理想のひとつ」があるわけでもない。

「前傾が起き上がる」動き＝伸展の動きを、インパクト前に使うと悪い動きになることがほとんど。だが同じ動きを、インパクトのタイミングに合わせて使うと、打球により大きな力を伝えることができる

「理想のスイング」のカン違い

自分なりの動きの組み合わせを探す

「軸を中心に捻転する。軸のブレを抑え、肩や腰を速く回す」というイメージで、効率も良く、再現性も高いスイングをつくれる人もいる。

そのイメージにとって、側屈の動き、前後の動き、屈曲・伸展の動き、前傾・後傾の動きはありえない動きになるから、「そんな動きはしてないよ」と思っているものだ。

でもそんな人でも、分析すれば、そうした動きを取り入れていることが判明する。そうでなければまともなスイングにならないのだから。

そうしたイメージをもって、効率良く再現性も高いスイングがつくれていない人は、同じイメージのままスイングを改造しようとしても、なかなかゴールにはたどり着けない。実際に必要な動きを取り入れていないのだから当たり前だ、ということがもうわかっていただけただろうか。

一つひとつの「今までダメだ」と思っていた動きの要素を試してほしい。その勇気をもっていただくための説明を、ここから展開していこうと思う。

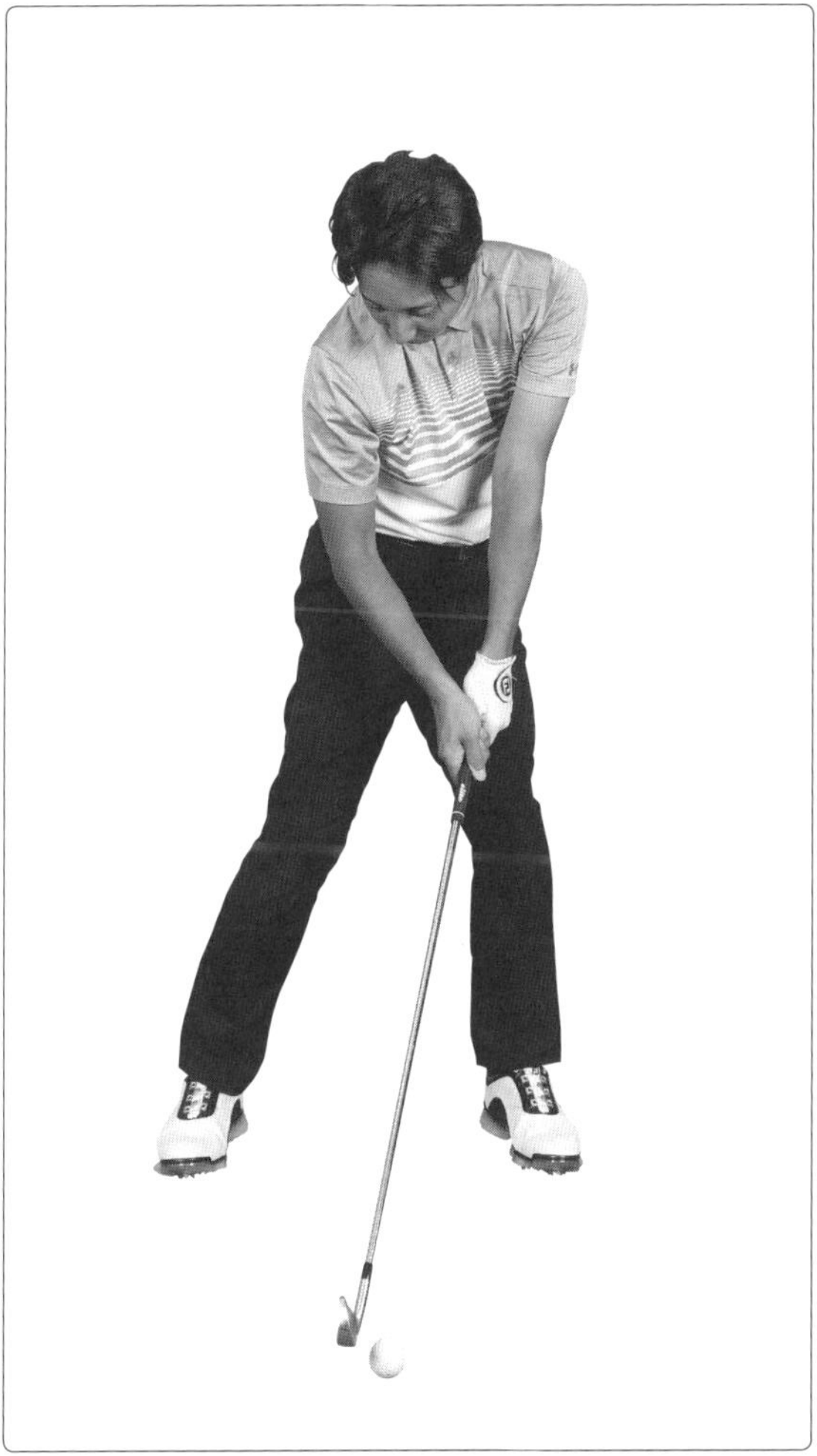

自分のカラダの柔軟性や筋力、そして感じ方なども考慮して取り入れれば、自分なりの組み合わせ＝自分のスイング理論ができあがる。イメージどおりの球が打てるインパクトを実現するために！

【ローテーション&正面ヒット】は最強じゃない

〖シャットフェース&レイトヒット〗が安定度が高い

今も昔も、強いプロのスイングを分析したり、その人が直接そのメカニズムを説明したことが、「スイング理論」としてもてはやされる。

今で言えば、弾道測定器やハイスピードカメラ、モーションキャプチャーや重心位置の移動データなどで、スイングは丸裸にされる。そこから、強いプロの「飛んで正確性も高く、再現性も高い」原因が解き明かされてきた。

今のプロたちは〖体幹を動かし切ったあとに、遅れたタイミングでクラブがインパクトしてくれる〗スイングになっている。

とくに現在活躍している強いプロたちは、体幹部を動かすことで連鎖的に腕やクラブを動かしている。極力手先を使わず、受け身的にインパクトをつくっている。受け身にすることで、フェースの開閉をオートマチックに任せ、ミスの原因を摘んでいるのだ。

カラダの正面でインパクトを！と考えていると、クラブを動かすことで連鎖的に腕や体幹部を動かすことになる。腕を振り、フェースローテーションを積極的に使い、手動でインパクトを導くと言い換えてもいい。

だが、2秒弱のスイングの中のわずか一瞬のインパクトを、絶妙な手先の感覚で操作し安定した結果を出し続けるなんて無理がある。

現代のクラブの構造、そして人間のカラダの構造にしたがって体幹の動きをつくれば、腕やクラブは受け身的に正しく動き、毎回安定して意図したとおりのインパクトをつくってくれる。要は、その「体幹の動き」は軸を固定した捻転のみではなく、『6DoF』でつくっていくもの、ということだ。

では、第2章からそうした動きを説明していこう。

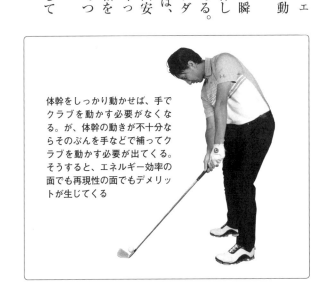

体幹をしっかり動かせば、手でクラブを動かす必要がなくなる。が、体幹の動きが不十分ならそのぶんを手などで補ってクラブを動かす必要が出てくる。そうすると、エネルギー効率の面でも再現性の面でもデメリットが生じてくる

そうだ！キネティックチェーン！

「6DoFだよ」「カラダの動きはこんなにあるよ」と言われても、「そんなに複雑に絡みあった動きを意識してコントロールするなんて、できっこない」と感じると思う。

しかし、全部意識して動かす必要なんてない。すべてを意識して動かさなくても運動は成立する。連動するからだ。正しい引き金さえ引ければ、導火線を伝わって、肝心なところを爆発させることができるのだ。

「キネティックチェーン＝運動連鎖」という言葉がある。ベン・ホーガンも大事だと言っているスイングのキーポイントだ。聞いたことがある人は多いと思う。全身は、連動している。チェーンのように、どこかが動き出したら、それが伝わっていき、最終的にはクラブを動かす、という考え方。全身が効率良く連動し、使えるエネルギーをすべて集めて、インパクトに集約する。骨格や筋肉のつき方など、カラダの構造を利用してスイングを組み立てるわけだから、自然であり、合理的であり、再現性は高まる。効率も良い。

人それぞれ“正しい引き金”は違う。「動きはじめは足」と言われることが多いが、ほかにある可能性も小さくはない

第2章

GEARS《ギアーズ》が明らかにしたスイングの真実

ザ・リアル・スイング
THE REAL SWING

スイングの動きを数字で表現し比較を容易にした

ゴルフ新常識
4
スイングは今や数値で表現される

「ＧＥＡＲＳ」はカラダとクラブの動きをデータ化する「リアルタイムスイング解析システム」。アドレスからフィニッシュまでのクラブの動きとカラダの動きを3次元で計測し、解析するシステムだ。ＵＳＰＧＡ（米国プロゴルフ協会）も採用しているほか、クラブ製造やフィッティングのためにも用いられている。

カラダに28カ所、クラブに6カ所のセンサーを取り付け、8台のカメラでその動きを追い、推定値ではなく計測値として、カラダの動きをデータ化する。

わかる項目は次のとおり。まずクラブについては、①スイング軌道、②フェース向き、③インパクト位置、④クラブパス、⑤ヘッドスピード、⑥インパクトロフト、⑦インパクトでのフェース向き、⑧インパクトでのライ角、⑨シャフトのしなり、⑩インパクト時のヘッドの角度。

次にスイング時のフォームについては、①肩の角度、②背骨の角度、③腰の角度、④ヒザの角度、⑤ツマ先の角度、⑥カラダ各部の中心線など。

１回のスイングで６００以上のデータを取得し、１秒未満で解析する。

つまりスイングを丸裸にしてしまう！　この仕組みもすごいが、それでわかったことがさらにもっとすごい！　驚きなのだ。

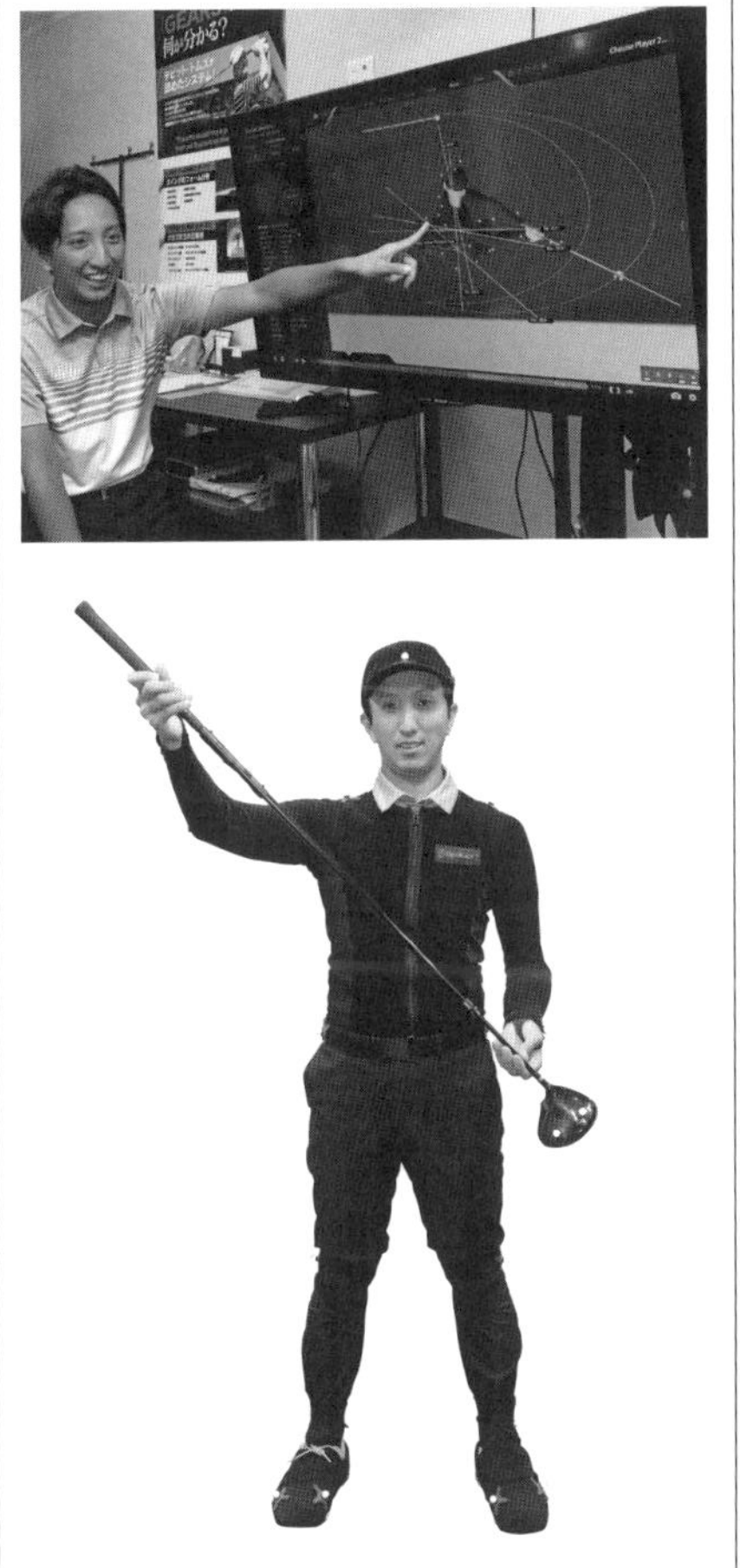

カラダとクラブにつけたセンサーの動きを８台のカメラがキャッチし、カラダ各部の位置と向きの変化をデータ化する。そうした数値を使うことで、カラダとクラブの各部分ごとの動き方について、詳細な比較や修正が可能となった

360度、角度を自由に選び動きを確認できる

アバターを用いた動きの分析CG

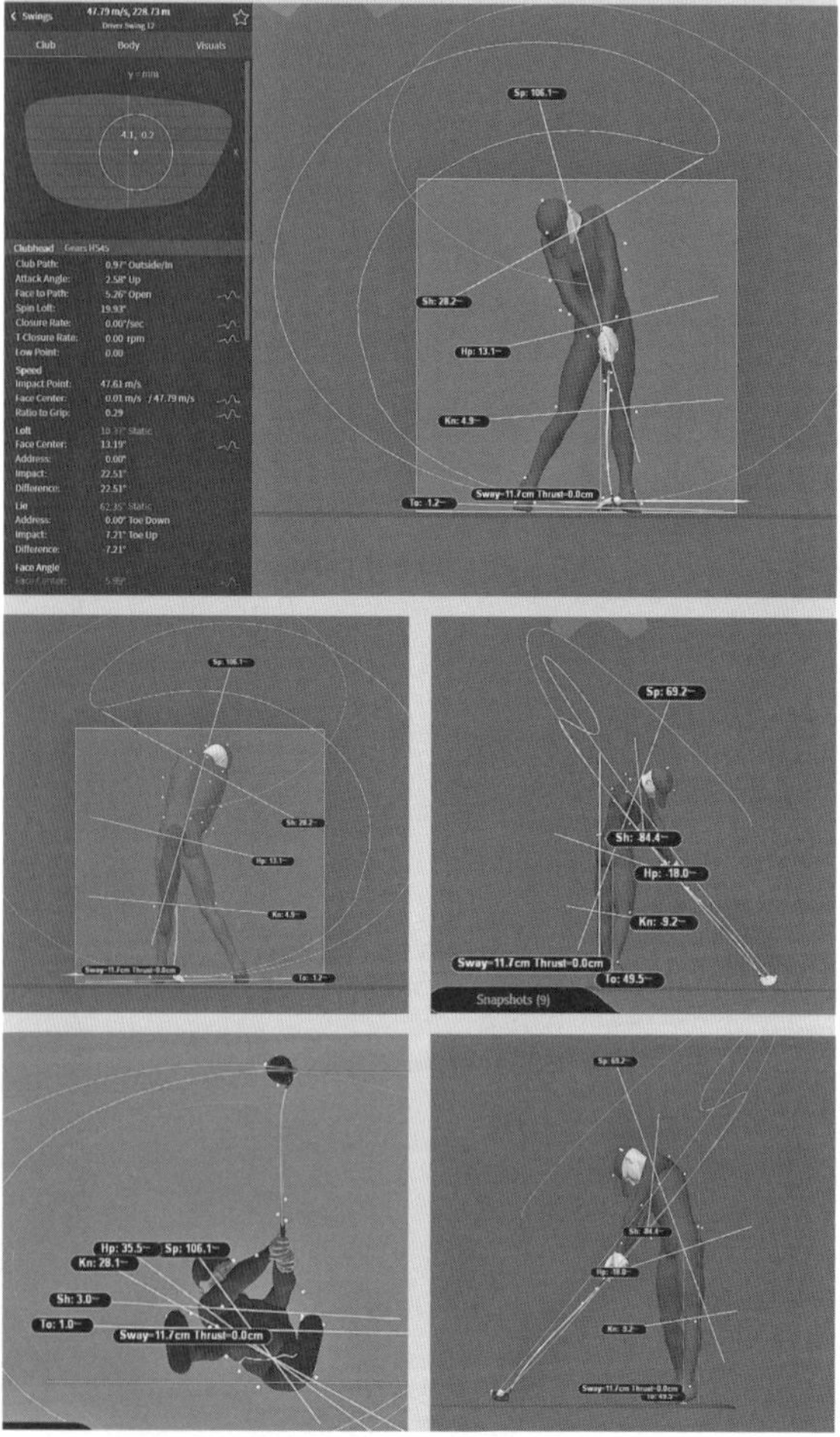

アバターを使って、実際の動きを画面で再現する。さまざまな角度から見ることができると同時に、カラダの動きの方向や角度、速度、動きの量を数字にして同時に表すため、イメージを描きやすくなる

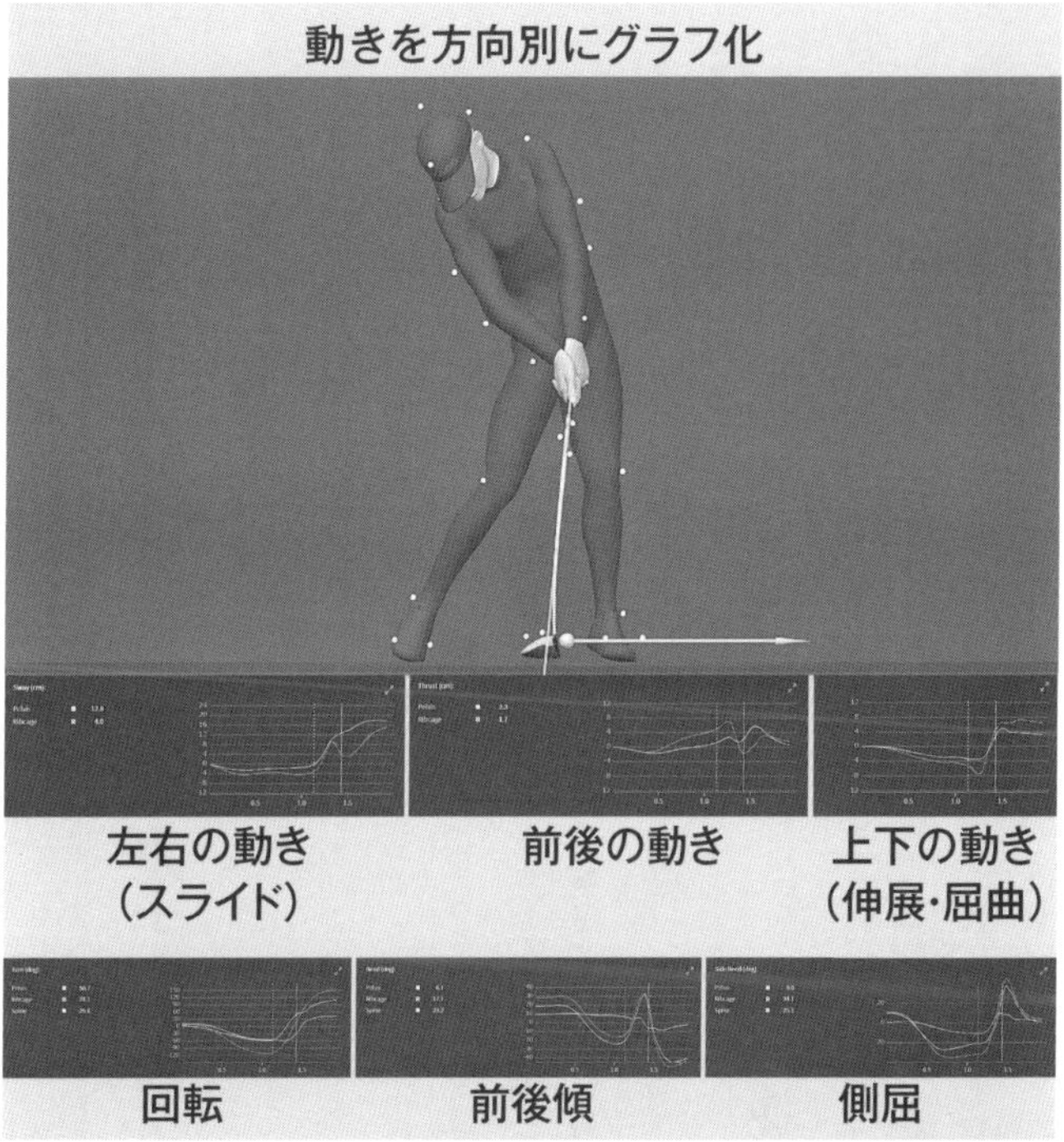

6DoFでこれだけ動いているという事実！

カラダの各部分の動きや、回転、側屈、スライド、伸展などの動きをそれぞれ、スイング始動からフィニッシュまでの時間を横軸にして推移をグラフ化する（上の6つのグラフはそれぞれ6DoFについてのもの）。今までイメージできなかった部分の動きまで頭に描けるようになった

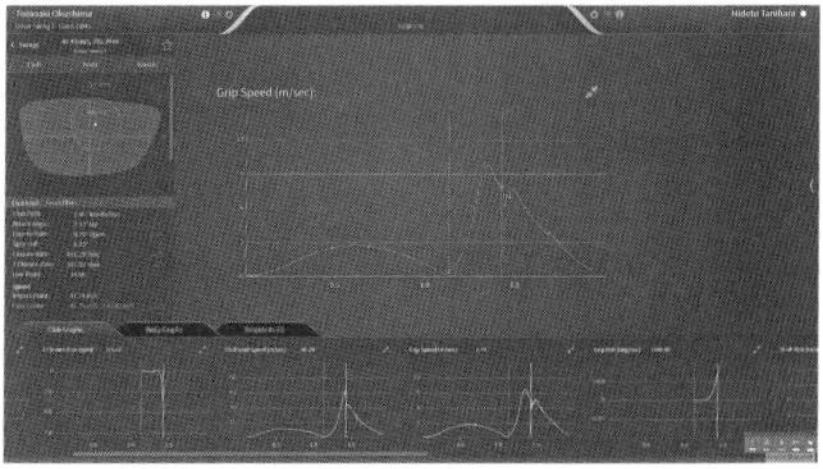

クラブヘッドのスピード、グリップのスピード、シャフトのしなり戻りについてもグラフ化される

アドレスではスクエアが必須？

すべてをスクエアに構えている人は少ない

ゴルフ新常識
5
スクエアでなくてもいい

では、アドレスから順に見てみよう。

「ターゲットに対して、肩、腰、ヒザ、ツマ先をスクエアに構える」ということが常識のように言われる。アマチュアのアドレスをGEARSで測定し、データを見せると「あー、スクエアじゃないなあ。真っすぐ構えなきゃ」という反応が多い。

「肩、腰、ヒザなどをすべて平行にセットし、体重も左右半々にして構える」

そして「左右対称に振る」

そのイメージはシンプルで、理にかなっているように思える。

だが、GEARSのデータを見てほしい。

どんなプロも、すべてをターゲットにスクエアにしているわけではないのだ。

肩、腰、ヒザ、ツマ先をすべて平行にそろえているわけでもない。

フェースの向きでさえ、スクエアでない人もいる。

でも、それによって狙いどおりに打ち出す確率が落ちているかと言えば、そんなことはない。きっとそれがその人にとっては、違和感なく構えられ、ストレスなくスムーズに始動し、狙いどおりに打ち出せる構えなのだ。

真上から見たアドレス

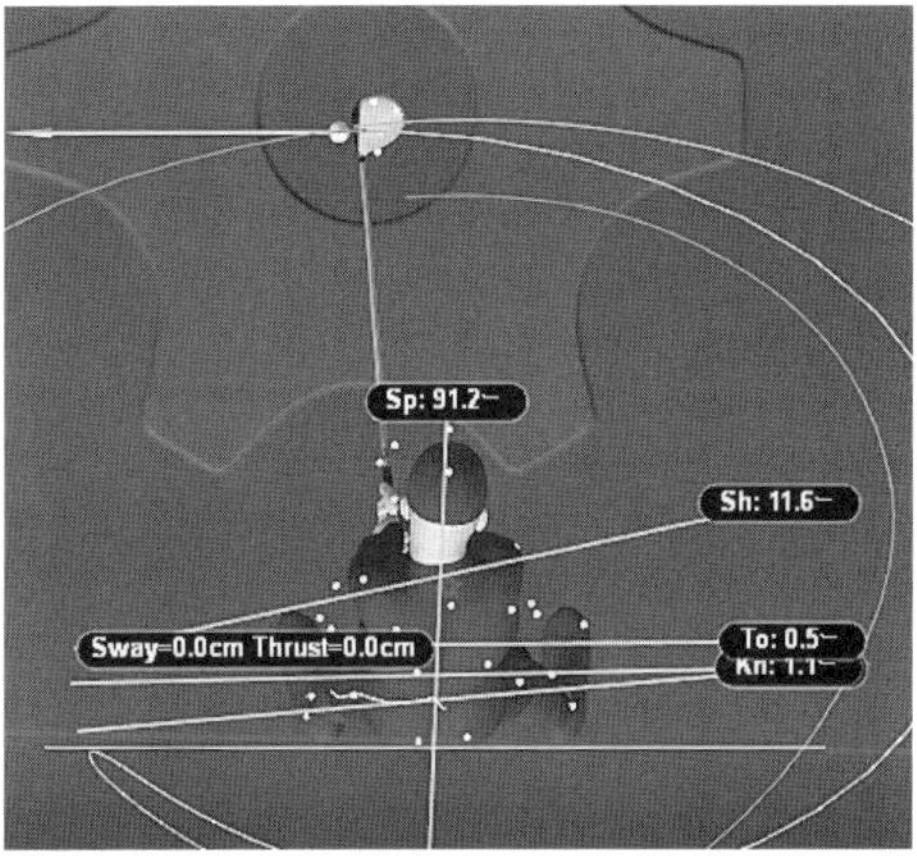

肩（Sh）、腰（Hp）、ヒザ（Kn）、ツマ先（To）について、それぞれの左右を結んだラインと目標へ向かうラインとのズレの角度が示されている。プラスの数値はターゲットラインに対して開いている（左を向いている）ことを示す

正面から見たアドレス

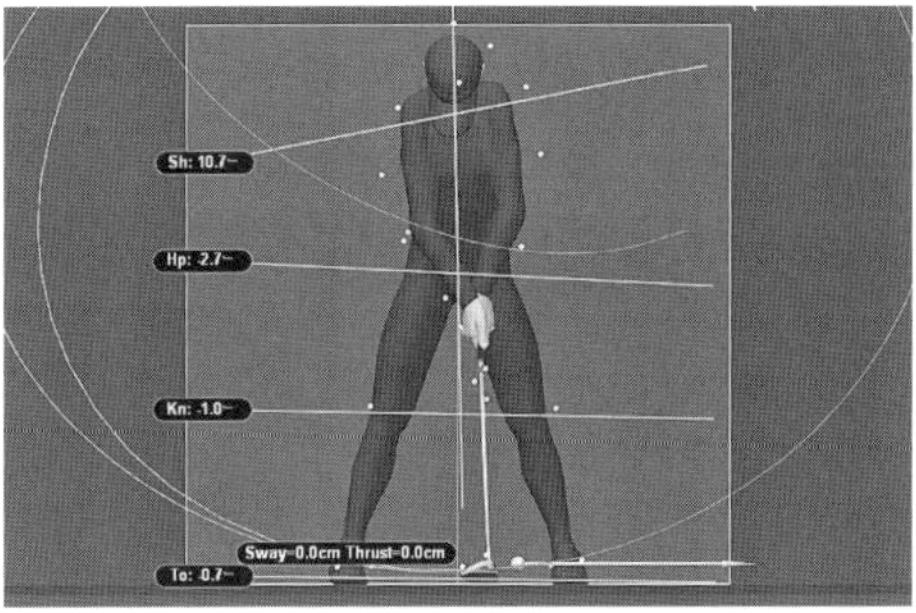

やはり肩（Sh）、腰（Hp）、ヒザ（Kn）、ツマ先（To）について、左右を結んだラインの傾きを示している。プラスは左が高く、マイナスは右が高い

「アドレスはスクエア」にこだわるのでなく……

スクエアは知っておくことに意味がある

そもそも、そんなにすべてをきっちりスクエアにしなきゃいけないのか。

クラブを握る手は、左が上、右が下。その両手をカラダの正面にセットすれば左手はカラダに近く、右手は遠い。そして、右肩は左肩よりも低く、なおかつ前に出るのが自然。それが自然なのに、「肩をスクエア」にしようとすれば、何かしらカラダのどこかを使って微調整するしかない。そうしなければ、真っすぐ構えることはできないのだから。

誰もが意識せずに、この調整を行なっているのだ。

そうした調整を行なっていることをまず知ること。そして、**そのうえで、自分にとって自然にスクエアだと感じられ、ストレスなく始動できて、イメージどおりのインパクトができるアドレスをつくればいい。**

すべては望むインパクト（もしくは打球結果）から導いてつくる、というのが筋道ではないだろうか。

あまりにもヘンテコな形は好ましくないが、「真っすぐ」や「スクエア」「平行」という言葉にあまりこだわりすぎても逆に自然ではなくなるだけだ。〝スクエアとはこういうもの〟と知ることは必要だが、「スクエアにしなくてはいけない」というのは違うと私は思う。

両手をグリップしたときの位置の違いに応じて、左と右の肩は高さも位置も違ってくるはず（点線）。そのうえで肩のラインをスクエアにするには、腹部などに微妙な調整を加えているはずだ

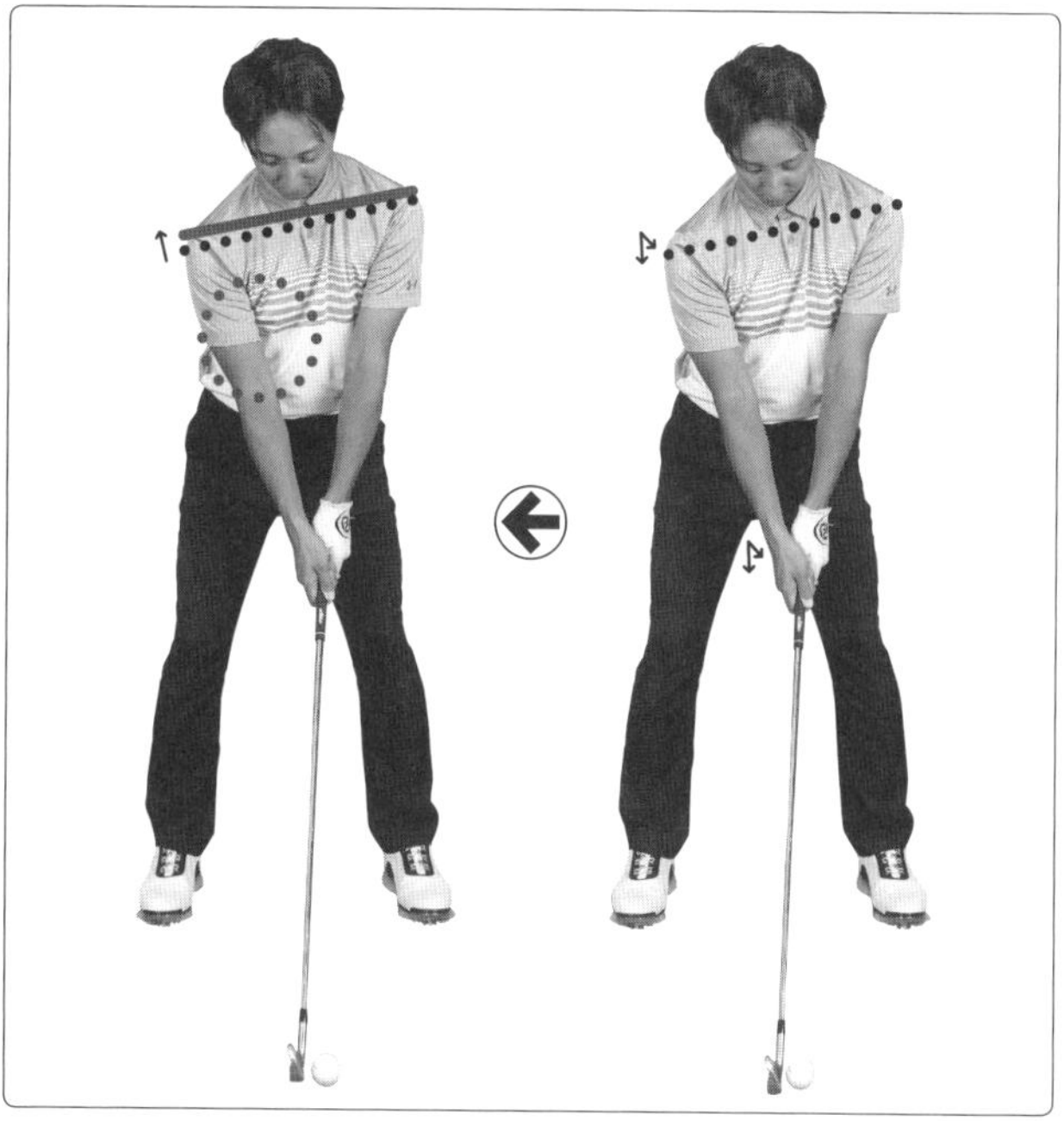

構えたときの向きで打ち出せるならいいけど……

アドレスの向きに戻るわけではない

ゴルフ新常識
6
フェース向きのスクエアも不問

アドレスでフェースをきっちりとスクエアにしたところで、ロボットじゃないからその形に戻ってくるとは限らない。

パッティングのような小さなゆっくりとした動きでさえ同じことが言える。ボールの線をターゲットに合わせ、パターの線と合わせたりしながら、限りなくターゲットに真っすぐ構えようとするのは普通のことだ。だが、そうしたからって、インパクトでスクエアに戻ってくるとは限らない。実際、ロボットでもちょっとズレたりするのだから、人間はもっとズレる。

フェースについても、肩、腰、ヒザ、ツマ先などのカラダのラインについても、どんな向きでアドレスしてもいい。**インパクトに戻ってきたときにフェースが意図した向きになれば、それが自分に合っている、良いアドレス**だ。

「きっちりスクエアに合わせて構えなければ、真っすぐ飛ばせない」という人なら、そうすればいい話だ。

アドレス

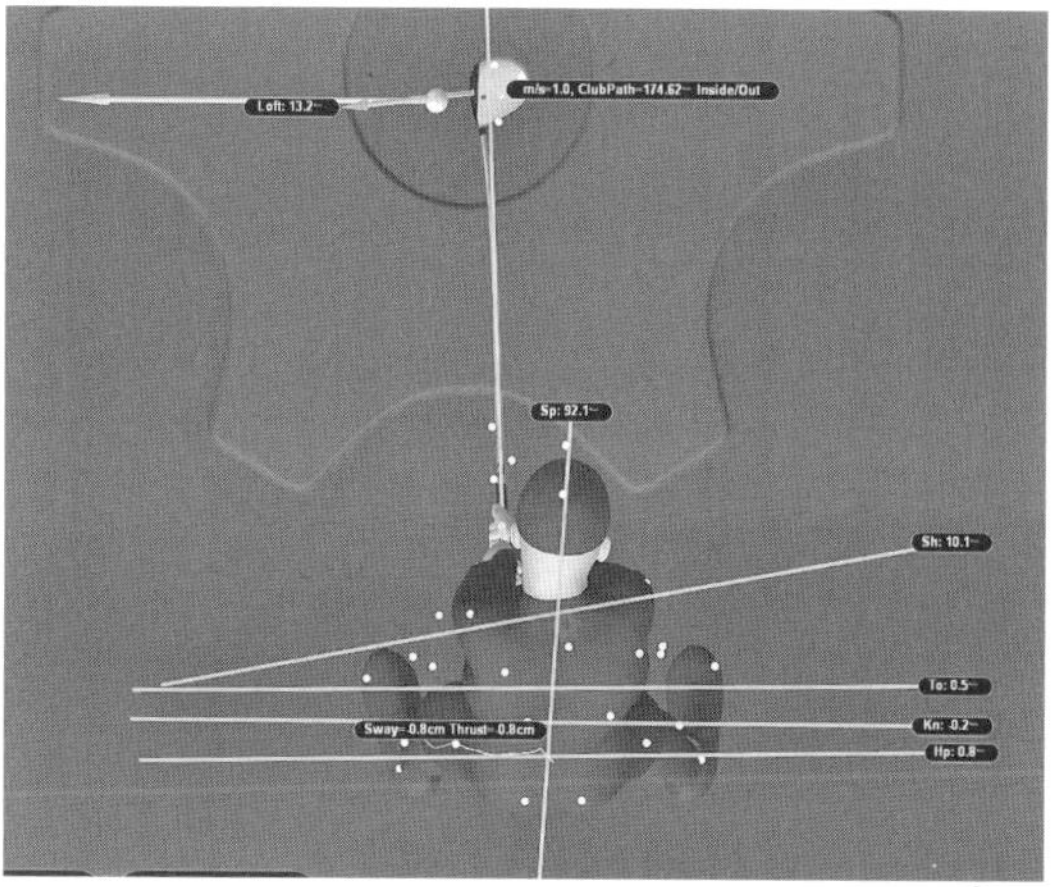

インパクト

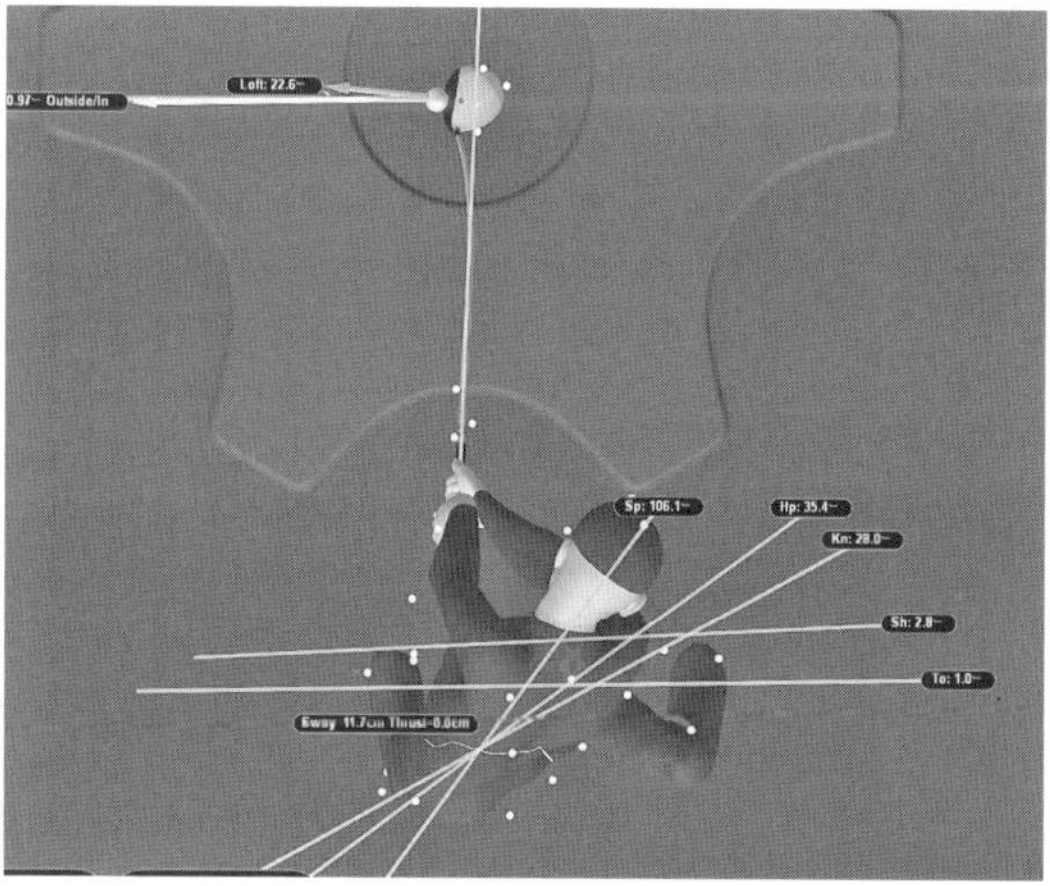

同じプロのアドレスとインパクト。インパクトはもちろん、アドレスでもカラダの各部分のラインがスクエアになっているわけではない

アドレス・実際の3パターン

部分的な張りが動き出しを決める

ゴルファーが実際につくるアドレスは、3パターンに分けられると思う。
①骨盤のすぐ上を反らせるタイプ
②背中を丸めるタイプ
③それらの中間タイプ
丸めすぎず、反らせすぎない③が一般的には良いと言われている。が、だからといって、①や②が間違い、というわけではない。そういうアドレスをしていながら、強いプロも実際にいることは事実だ。

しかし、①も②もカラダの片側に張りが生じた状態になりやすく、それが動きにも影響する。①の場合は、背中側にテンションがかかっているため、回転によって左に倒れたC字型のトップになりやすい。
②の背中を丸めるタイプは体幹の前面が屈曲した状態となり、回転がスムーズにできず、

手だけでクラブを上げる動きになりやすい。

しかし、たとえばお腹の突き出た体型の人の場合は、①以外の選択肢がなくなってしまっている場合もある。

構え方によって動きづらい部分ができてしまうとしても、全身のすべての動きを取り入れれば、求めるインパクトは実現できる。それぞれの構え方で出やすい動きの傾向について、あらかじめ注意しておけば済む話だ。

プロを見てもさまざま。普段から背が反っている人は、反った状態を自然だと感じるし、猫背の人にとっては丸まった状態がその人にとって自然。自然な構えならば、スムーズに動き出しやすい

バックスイングは回転だけじゃない

前への傾きが横への傾きに変わっていく

一度は誰かから聞いたり、雑誌で見たことがあると思う。

「バックスイングは、前傾をキープして、右足に体重を乗せながら回転してください」という呪文だ。

言葉のとおりに動きをつくると、写真Aのようなトップオブスイングになる（ここでは、腕のことは考えず、体幹の動きだけで説明する）。

でも、雑誌やテレビで見ているプロたちのトップオブスイングは写真Bだ。

何が、どう違うのだろうか。前傾キープという言葉にポイントがある。

前傾キープとは、飛球線後方から見たとき、下半身に対して上半身が前に傾いている角度が変わらないこと。あくまでも上半身を正面に向けたアドレスでの形を指している。

飛球線後方から見つづけると、アドレスでカラダの前に倒れていた「前傾」が、バックスイングをすると、カラダの横に倒れる形に変わっていくことがわかる。

写真Aの形は上半身を前に倒したまま、右に向きを変えただけなのだ(C)。そこから写真Bの形にするには、カラダを左に倒していかなければならない。

これが側屈。

回転の中に左側屈を加えると、真の前傾キープができる。それが真実だ。

(C)

A

「前傾をキープして右足に体重を乗せながら回転」の言葉どおりに動いた形

側屈の動き

B

回転に加え、側屈の動きを加えた形。側屈を加えることで前傾は保たれ、クラブは通常理想とされる位置へと上がっていく

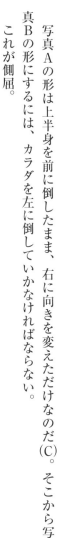

バックスイング3番目の要素

〔回転+側屈+伸展〕でトップに近づいていく

ゴルフ新常識
8
バックスイングは伸び上がっていい

前項は、バックスイングで回転に側屈が加わり、前傾がキープされるという話だった。では、回転と左側屈だけしていればいいのか、というと、そうでもない。まだほかに大事な動きがある。

前傾を側屈に入れ替えるようにして角度を保って回転するだけでは、やや窮屈で力感の不足した形になる。GEARSのデータを見れば明らかだが、多くのプロは**トップオブスイングで、アドレスよりも起き上がっている**。

6DoFで説明した6つの動きの中の伸展を使っているのだ。体幹自体、前側が伸び、背が少し反る。股関節、ヒザなどもある程度キープしてはいるが、それに引きずられて伸びる。前傾角度も少し起き上がるのが普通だ。それらが伸びてこそ〝スムーズに回れた〟という感覚がもてる。

「前傾をキープしたまま、回っただけだ」とプロでさえ自分の意識ではそのように信じていると思うが、事実は違う。
バックスイングは［回転＋側屈＋伸展］の3種類の動きが起きているのだ。

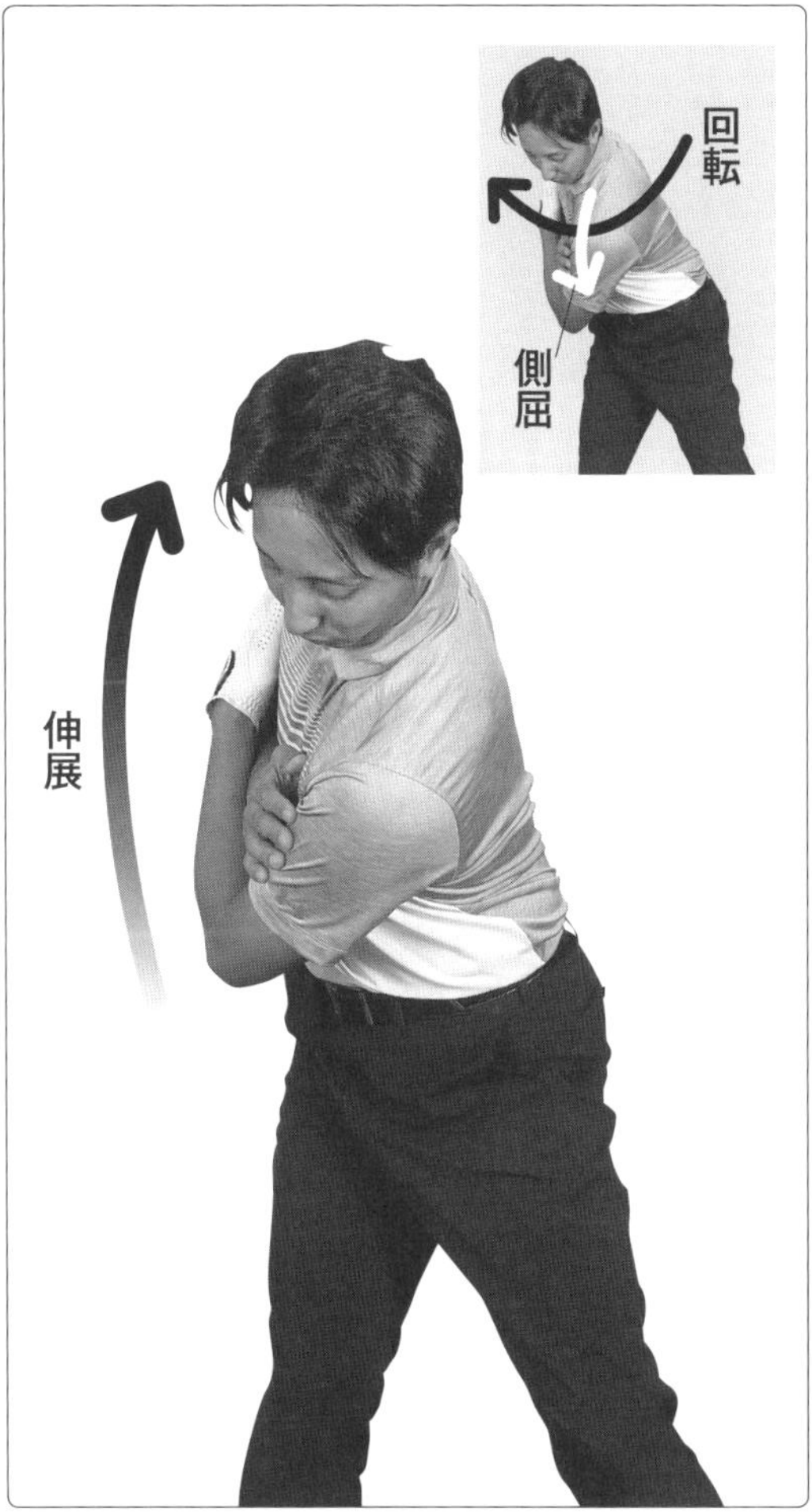

伸展がないと窮屈な形になり、クラブも上がっていかない。体幹、股関節、ヒザなどがそれぞれ角度をキープしようとしつつも、受け身的に伸展することによって、理想的なトップの形になる

右方向へのスライドを入れてトップが完成する

バックスイングでは「右足に乗りながら」とよく説明される。これは6DoFでいうところの『左右の動き＝スライド』。これがバックスイングの4つ目の要素になる。

右方向への重心の動きは、体幹の回転でも起きている。この場合、左肩が右足の上まで回っていれば、そこに体重が乗ってきた実感はもてるはずだ。この場合、自分で「右に動こう」とする必要はほとんどない。実際に多くのプロは、左右へ大きくは動いていないが、右足に体重が乗った感覚があるから「右に乗った」と言うのだ。あるいは、右足に体重が乗った感覚はあるものの、左右に動こうとした覚えがないために「1軸で回転している＝体重移動していない」と言う。

これができているのに、さらに自分の意思で右へ動こうとすると、意図以上に右に動くことになる。

また、ここまで説明してきた3つの要素、つまり伸展と回転、側屈の度合いや量もカギとなる。3つを適切につなげてバックスイングができれば、左肩は右足の上まで回ってくるから、右へのシフトも完了する。

回転が不十分なうちに側屈の度合いが著しく多くなると、左肩が左ヒザの上で止まり、右への重心移動は不足する。そのため、自分で右に動こうとしなくては右足に乗った感触は得られない。

自分がどのパターンなのかを考えてみよう。

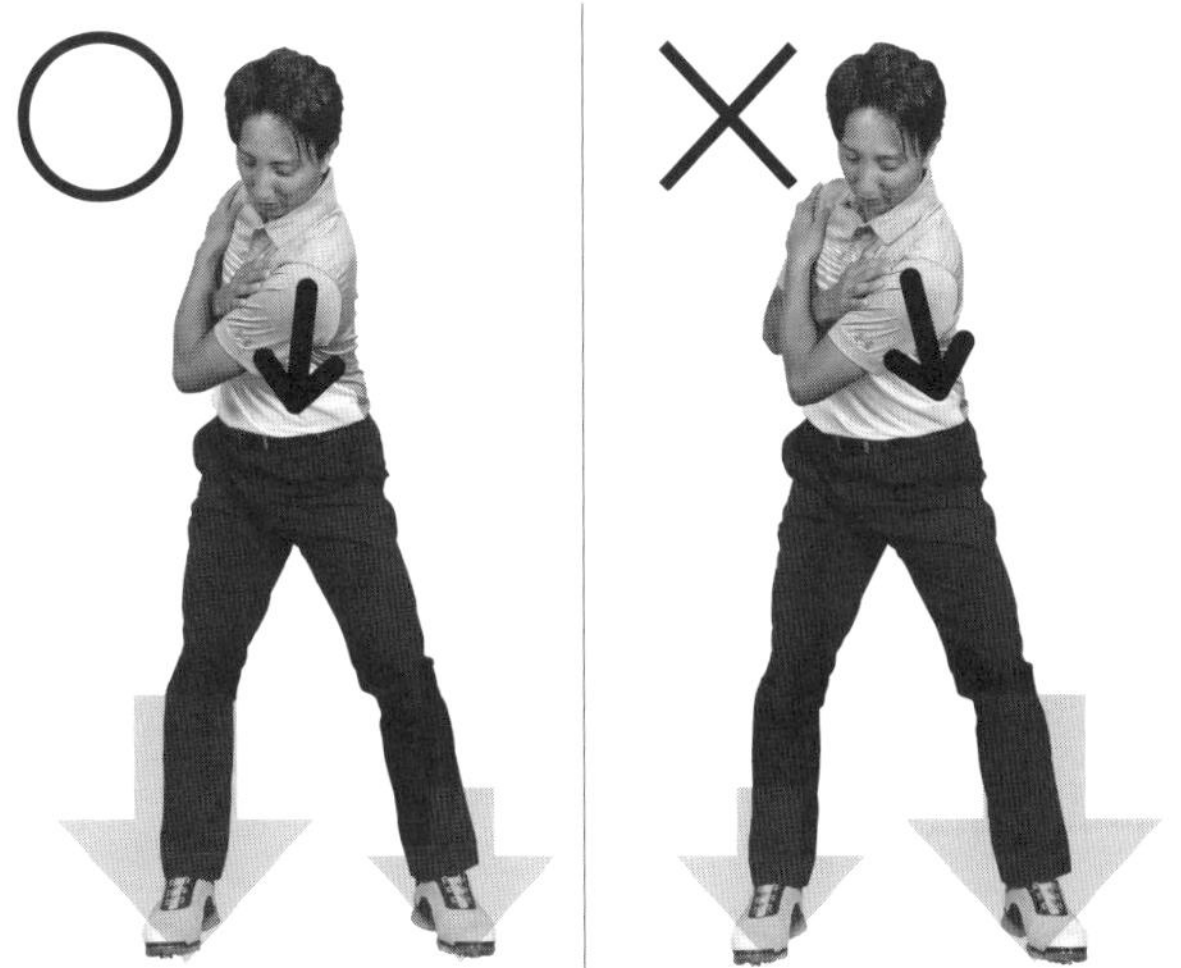

左肩を右足の前に向けて側屈すると、カラダの回転が深くなり体重が右足に乗る

左肩を左足の前に向けて側屈すると、カラダの回転が浅くなり体重が右足に乗らない

ゴルフ新常識
9
スイングに
万人に共通の
理想形はない

「理想の形」があるわけではない

4つの要素の組み合わせは個人で違っていい

ここまでがバックスイングでの、体幹の動き。

つまり、①回転、②側屈、③伸展に④スライドの要素が加わって、やっとバックスイングが完成する。

それぞれの動きをどのタイミングで、どのくらい、どの方向に入れていくかで、スイングの見た目が変わってくる。そこは人それぞれであり、正解はない。

人によってカラダのプロフィールが違い、得意不得意も違うし、今までやってきて身についていることも違うからだ。

そして、逆に言えば、絶対的な間違いもない。どのようにバックスイングを上げ、どのようなトップオブスイングになろうと、インパクトが安定していれば、正解と言っていいからだ。ただ、インパクトが意図どおりにならないとしたら、それがエラーとなってしまう。でも心配はいらない。その理由を知り、対策を講じれば、エラーは解消するはずだ。そうした例をいくつか説明していこう。

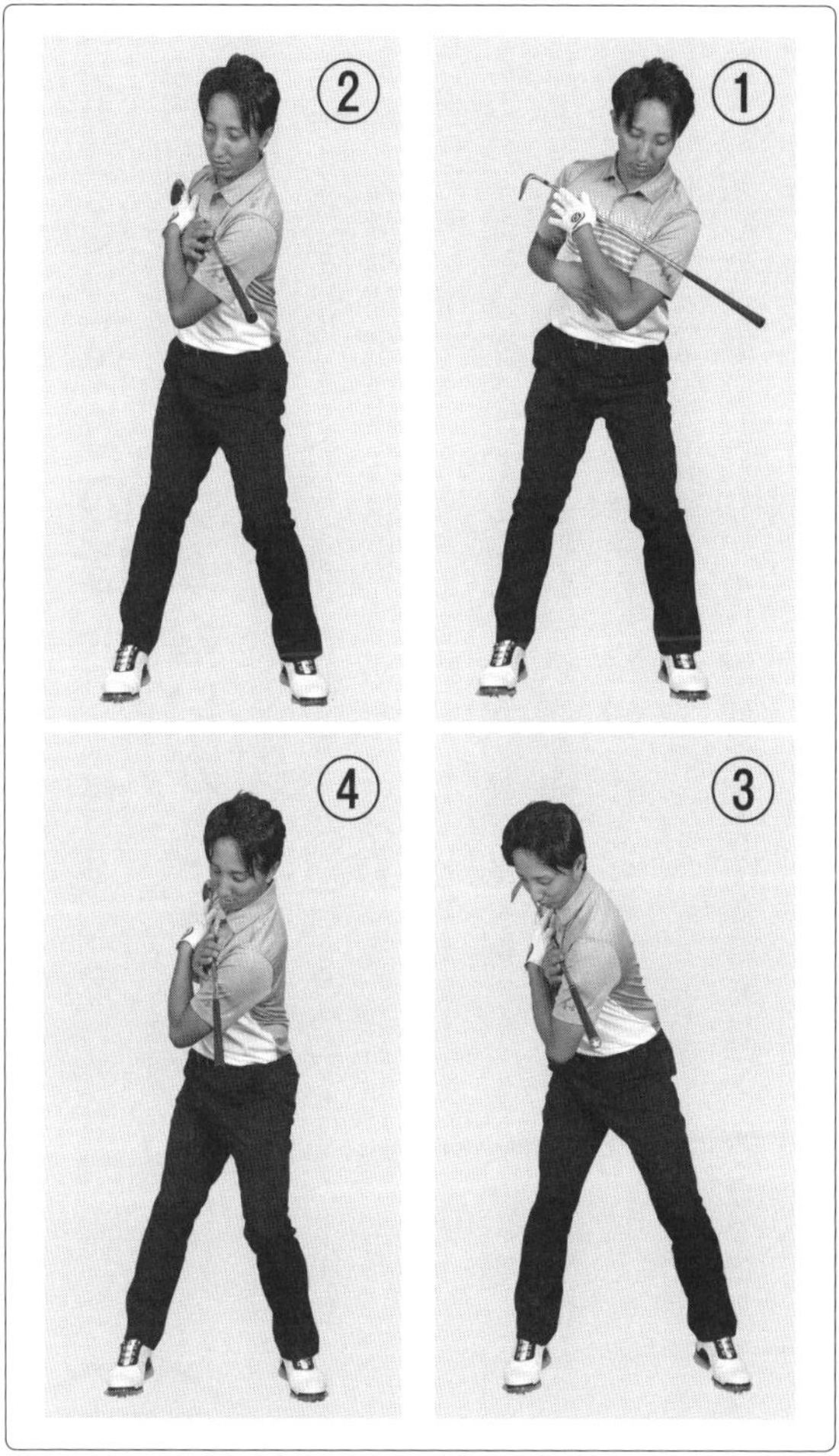

回転が足りない（①）、側屈が足りない（②）、伸展が足りない（③）、スライドが足りない（④）、そのほかにも複合パターンもある。が、だからNGということではなく、求める結果には近づける

インに上がるのは側屈のイメージがないから

ゴルフ新常識
10
腕を使わなくてもクラブは上がる

「カラダを横に回す」だけでは、いつまでたってもクラブが上がっていかない。それどころか、インサイドすぎる位置に上がっていってしまう。

だから、腕を縦に使ってクラブを上げ下げしなければならなくなる。

これは、側屈のイメージをもっていない典型的な例だ。

直立して胸の前でクラブを持ち、正面を向いたまま左へ側屈してみてほしい。その状態で肩を回せば、手とクラブは上がっていくことがわかる。

腕を上げ下げする必要はない。

腕を固定した状態で回転し、単に側屈を加えてみるだけで、クラブはインサイドには入っていかなくなる。

側屈。

とにかく側屈なのだ。クラブは手で上げなくても、適度な位置に上がっていく。まずは

胸の正面に両手をセットし回転だけすると、クラブも手もインサイドに上がる（下）。しかし、側屈を加えると、手とクラブが上がる方向が上方に変わっていく（上）

それを理解してほしい。

右に乗ろうとしすぎるとトップで体重が左に乗る

トップオブスイングでは右足に体重が乗ってくることが良いとされるが、左足に乗ってしまう（リバースピボット）人もいる。

体重移動しないで左に残っているのではなく、右に乗せようとしているのに、その動きが過剰になって、結果的に逆に左に戻っている。回転だから、やりすぎると逆方向に戻るのだ。

そうなる原因のパターンとしては、①側屈が多すぎる、②伸展が多すぎる、③回転が多すぎる、が挙げられる。

3つの動きの比率が悪いために、リバースしているということを理解してほしい。**どの動きも、それぞれをとってみると悪い動きではない**。ただ、3つの動きが組み合わさることで、どれかが過剰になってしまう、ということなのだ。

どれかの量を減らすなり、3つの割り合いを変えることを試してもらいたい。

早い段階で側屈を多く入れてしまうと体重が左足に乗りやすい（①）。いったん右足に乗せたとしても伸展が多すぎたり（②）、回転が多すぎる（③）と、やはり体重は左足の上に戻ってしまう

左への側屈で左肩は低くなる

ゴルフ新常識
11
バックスイングでもハンドルを左に回す

【肩を水平に回す】という言葉は、大いに語弊がある表現だ。

側屈の要素がまるで考慮に入れられていない。体幹を円筒のようなものとし、その形を変えずに捻転するイメージから生まれているのだろう。

だが、バックスイングでは側屈が入り、左肩は低くなり、右肩は上がる。言い換えれば、**左肩と左腰の距離は短くなり、右肩と右腰の距離は長くなる**。

意識がなくても側屈は入るものだが、意識して入れるものと、無意識で入るものはまったくの別物である。自分のイメージで修正できるかできないかが、その点にかかっているためだ。

両手の動きを車のハンドルを持った状態にたとえ、【バックスイングではハンドルを右に、ダウンスイングでは左に切る】とよく言われるが、バックスイングで右に切ると左肩が浮きやすい。

おすすめのイメージは、『バックスイングでハンドルを左に、ダウンスイングでも左に切る』だ。

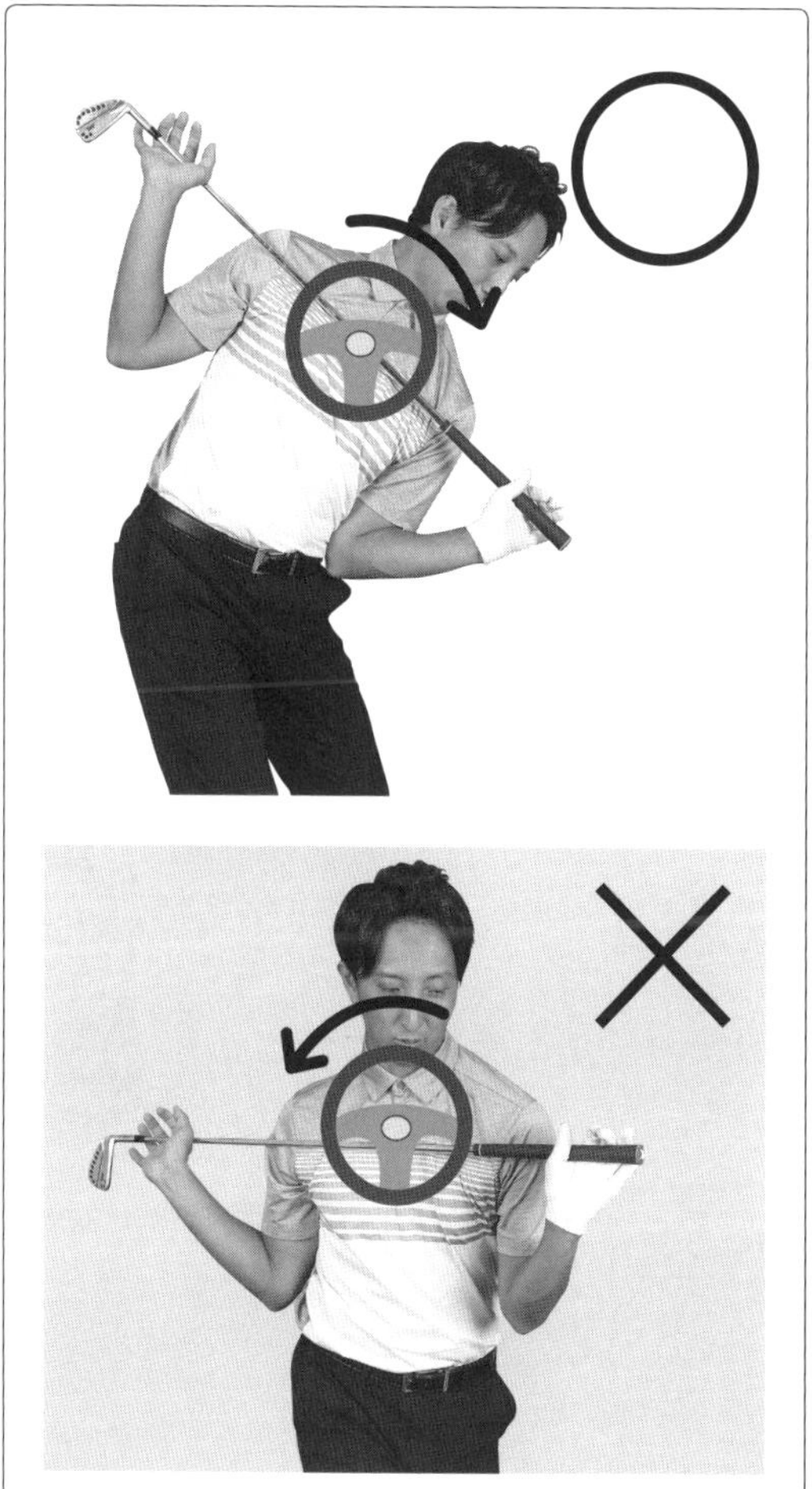

フェースを開くために、【バックスイングではハンドルを右に切る】と言われることもあるが、それでは左肩が浮きやすい。側屈を促して左肩を下げるためには、ハンドルを左に切るイメージのほうが合う

バックスイングのカン違い④

【体重を右に乗せながら横回転】が過度なスライドを生む

バックスイングの4つ目の要素であるスライドは、スエーと呼ばれるエラー動作と直結していると考えられやすい。

だが、スライド自体は必要な動きである。意図して行なうか、結果として起きているかは人それぞれだとしても。

【体重を右足に乗せながら横に回転する】という言葉が、スライドをスエーというエラーにしてしまっていると言える。

回転という動きの要素の中にも、体重を右に動かす要素が含まれている。それなのに、さらにスライドを意図的に加え、側屈、伸展の要素とのバランスが悪くなると、いわゆるスエーの体勢になる。

それら4要素の度合いや量を変えることで、このエラーは修正できる。

修正の過程で試してほしいことは、〝股関節を入れる〟とか〝股関節に体重を乗せる〟

と言われる使い方だ。上半身は回転させるが、下半身はできるだけとどまっている感覚をもつ。回転の量、スライドの量に自然に制限がかかり、組み合わせ方が良くなっていくだろう。

回転を大きくしようと思うあまり、下半身も同じように動くと過度なスライドになりやすい。胸は右へ回転していくのに対し、下半身はその場でとどまる中で、“上半身の回転によって動かされて動く”という状態をつくりたい

ダウンスイングも同じ4つの要素

回転、側屈、スライド、伸展をタイミング良く使う

ダウンスイングについても説明していこう。

バックスイングと要素はまったく同じであり、それらが入れ替わるように動く。まず回転。

そして、側屈が加わる。バックスイングでは左の側屈を入れたが、ダウンスイングでは右の側屈に入れ替わる。これをすると右肩は下がる。正しい動きだ。

さらに、やはりバックスイングとは逆、つまり左方向へのスライドが入る。

そして、伸展。いわゆる「伸び上がり」だ。「伸び上がりは、NGのはず」という声が聞こえてきそうだが、伸び上がりの力もインパクトに加えることはできる。問題は、タイミングなのだ。

回転も側屈も、スライド、伸展もすべてエネルギーを生み出す。それをうまくつなぎ合わせてインパクトをつくればいい。そういう発想をもってみると、動き方が変わってくる。

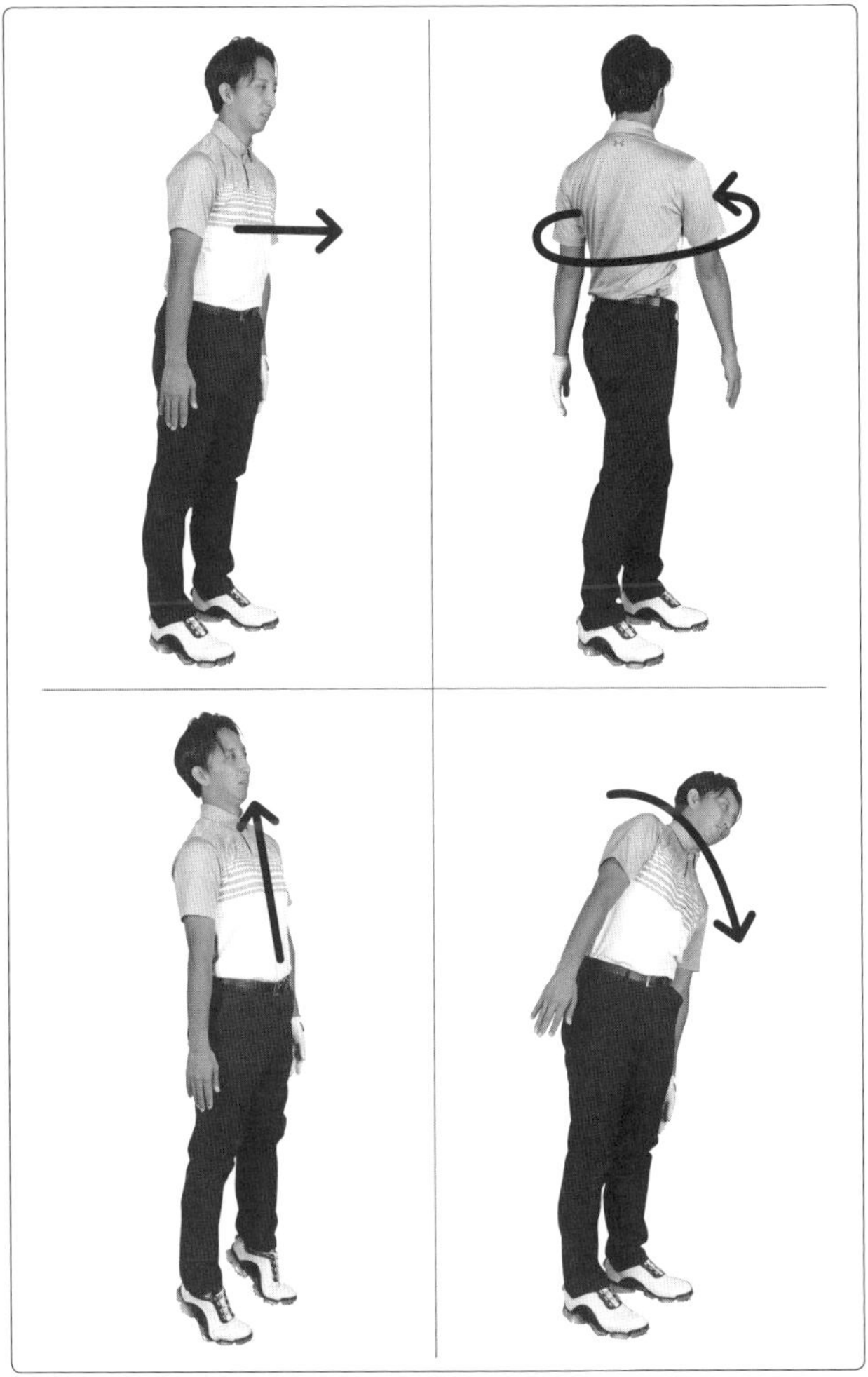

回る力も、横に縮む動きも、横にズレる動きも、上に伸びる動きも、すべてダウンスイングのエネルギーになる。要はそれぞれを使うタイミングが問題なのだ

頭は固定せず、上下動の力を使う

ゴルフ新常識
12
伸びる動きを使う

「スイング中に上下運動はない」と言う人もいる。「前傾角度のキープ＝頭の高さを変えないことが大切」と言う人もいる。

しかし、トッププロの頭は、上下にも動く。

上下の動きに使える筋肉は、人間のカラダの中でもかなり大きなものだ。少なくとも左右に動く力よりも大きい。

つくり出せるエネルギーが大きいわけだ。それを利用できるなら使わない手はない。

上下の動きが問題となるのは、インパクトの前に伸び切ってしまう場合だ。前傾が起き上がるため、フェースが開いてスライスの原因となる。いわゆるアーリー・エクステンションと言われるエラーだ。伸び切ってしまえば、インパクトを迎える前にためたエネルギーを消費し切ってしまう。これでは飛ばない。

しかし、**インパクトに合わせて伸びていければ、力をインパクトに向かうヘッドに乗せ**

ることができる。つまり、伸び上がるタイミングを変えることが必要なのだ。

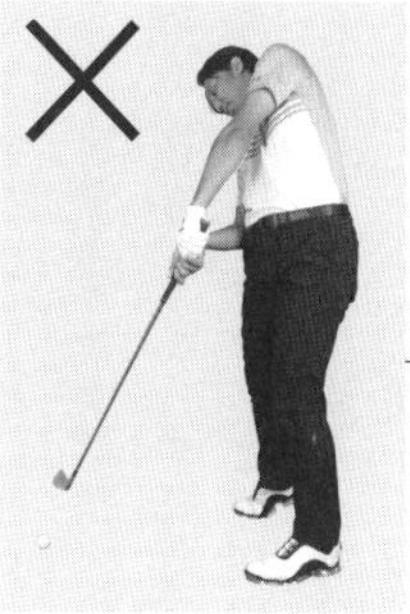

インパクト前に伸展し切ってしまうとエネルギーが伝わらなくなるのでエラーとなる。問題は使うタイミングだ

「インパクトゾーンを通過するまで前傾をキープ」と言われるが、その中にも伸展の動きは使われている

伸びようとする力を抑え込むために沈む

ゴルフ新常識 13
沈む動きも必要だ

実際、ダウンスイングのはじまりで頭の位置が低くなるプロは多い。頭の位置は変わっていないように見えるが、カラダの中では屈曲しているタイプも多い。

つまり、伸び上がるためにいったん沈みこんでいるのだ。伸び上がりのパワーをさらに大きくする工夫とも言えるが、別の見方もできる。

アーリー・エクステンションをしている人も、それを意図的にやっているわけではない。知らず知らずのうちに伸び上がりの動きが出ている。それはつまり、ダウンスイングの動きの中に、カラダを伸び上がらせてしまう要素が含まれているということだ。

そのタイミングを改善するには、切り返しからダウンスイングの前半までは、その動きを抑えておく必要がある。

この〝**抑える**〟**操作は腹筋が中心的な役割を果たす**。**腹筋ががんばって胸が起き上がらないように耐えている**結果として、頭がいったん低くなっているとも考えられるのだ。

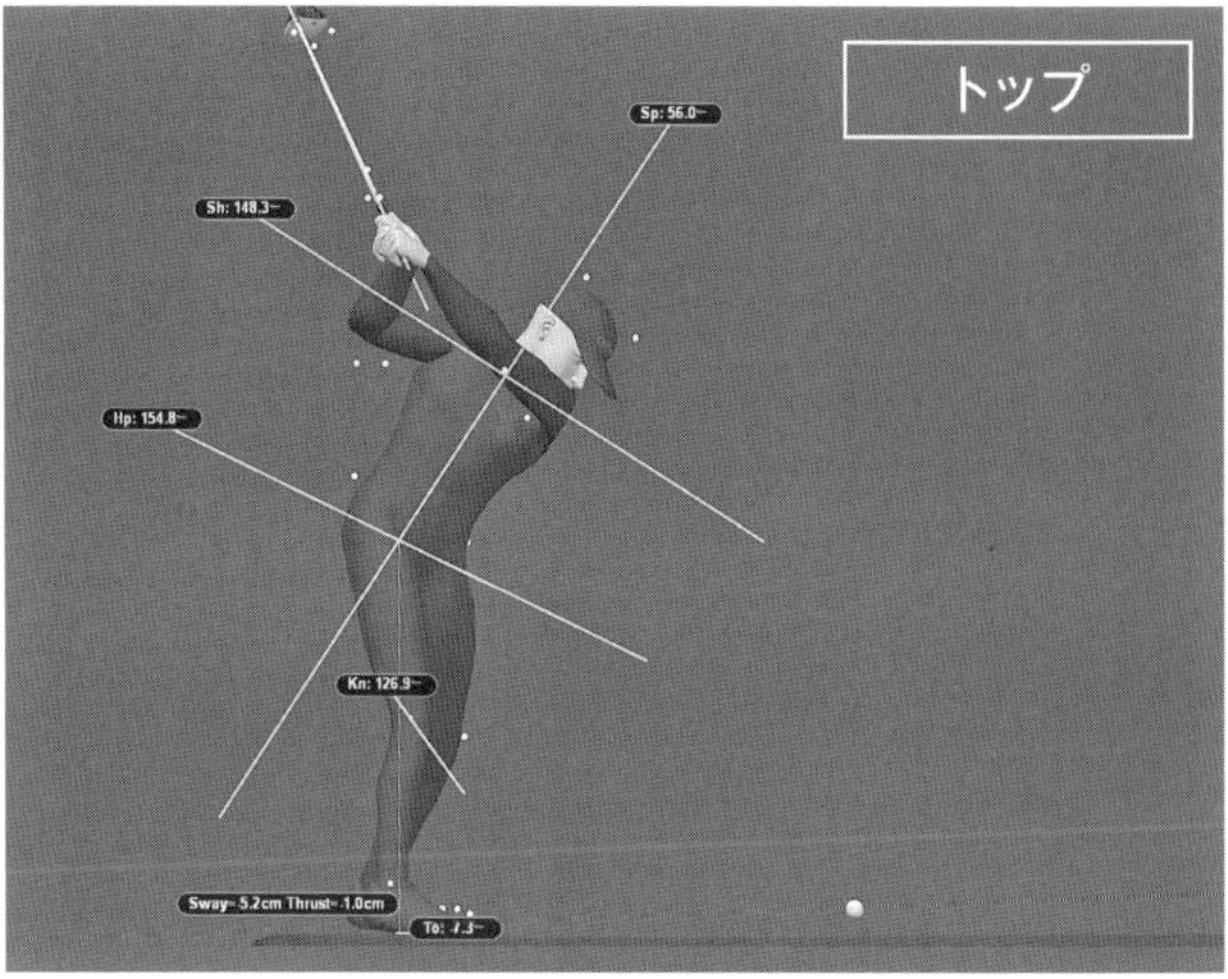

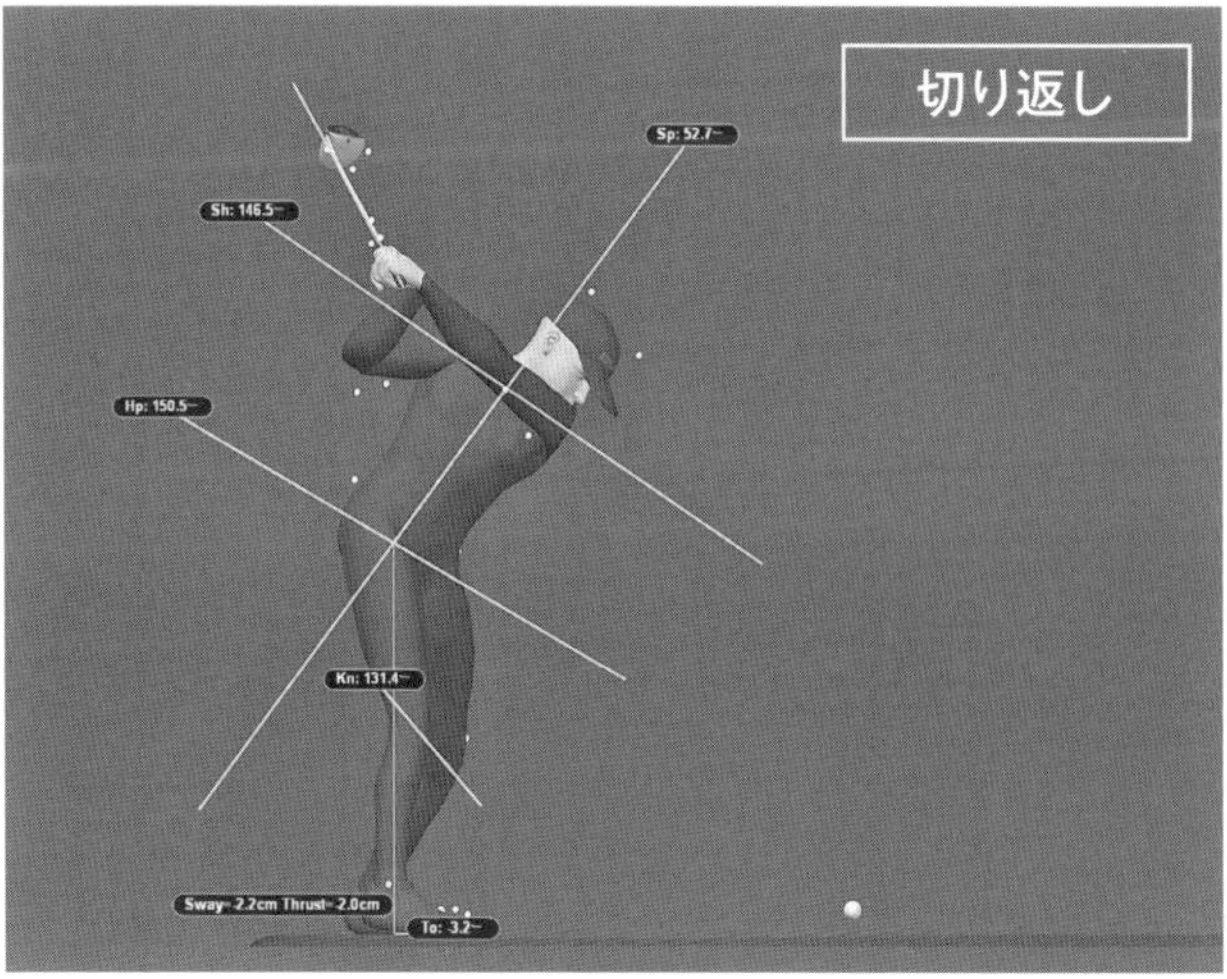

ダウンスイングの前半は上半身が浮いてしまいやすい。これを抑え込むことが、インパクトで伸展の力を活用するために必要となる

回転の意識しかないから左へ突っ込む

レッスンの現場で「トップでの左肩の位置に右肩を入れ替える」という表現を使うのも、言い換えれば「回転しながら右側屈をしましょうね」ということなのだ。

側屈して低くなっていた左肩の位置に右肩をもってくるには、ダウンスイング中に、右に側屈する必要がある。

右と左への回転にしか意識がなければ、左へ突っ込んだ形になってしまうわけだ。軌道は極端なアウトサイド・インとなり、上から下へ急激なダウンブローでインパクトするから、低いヒッカケやスライスになりやすい。ドライバーの場合はテンプラにもなる。

「ビハインド・ザ・ボールでインパクトしよう」つまり頭をボールより右に残してインパクトゾーンを通過させようとしたり、「背中を目標に向けたまま、下半身でダウンスイングをはじめる」という指導で修正しようとするのも間違いではないが、「右への側屈を入れてみよう」だけでシンプルに修正できることが多い。

回転だけでダウンスイングしようとすると左に突っ込んでいきやすい

右に側屈する意識が入ると、右のワキ腹が縮む動きが“左に行こう”とする動きを止めてくれる

「正面ヒット」でもつじつまは合う

【カラダは横（回転）、腕は縦（上げ下げ）】という意識をもち、その言葉どおり、バックスイングをし、そのままダウンスイングし、インパクトに導こうとすると、左へ突っ込む形になる。

そうすると「左へ突っ込んでますよ」と指摘され、修正法として「胸を右に向けたまま、ダウンスイングし、インパクトしてください」とレッスンされる。実際、私もそれとまったく同じ言葉で指導し、いい球を打てるようになってもらったこともある。

この教え方で〝ビハインド・ザ・ボール〟が実現し、スイングは良くなるのだ。

だが、これでつくる動きは「正面ヒット」のスイングだ。

胸を右に向けておく意識のおかげで、ダウンスイングで胸が回りはじめるのが遅れるため、インパクトでちょうど胸が正面を向くくらいのタイミングになる。

ただ、これでインパクトするには、右腕を伸ばすしかない。つまり、腕を振る。**そのタ**

イミングさえ合わせれば、正面に腕とクラブが戻ってきて、スクエアフェースでインパクトできる。

ただし、ここからが問題だ。

いい球が出るのは、タイミング良く正面に戻れば、という条件がつく。「腕を振る」という誤差の出やすい動きを取り入れているのに、誤差をなくさなくてはいけないという、ジレンマがここにはある。

もちろん、タイミングは練習量で定着させることもできるし、体幹に無理をさせず、適度に腕を使って振るため、フィジカルな要素を要求しないメリットもある。

だから、このスイングを選んでもいいと思う。

胸を飛球線後方に向けたままダウンスイングするイメージで動きはじめると、肩の早すぎる開きが抑えられ、カラダの正面に手とクラブを戻してインパクトできる。これが「正面ヒット」

過度なスライドも4つの動きのかけ合わせ

本書ではスライドは単に左右の動きのことを指している。それがすべて悪い動きだとは言っていない。悪い動きになるのは、それが大きすぎる場合だ。

バックスイングと同じで、左右の動きについては、直接左右の動きになる要素（スライド）と、ほかの動き（回転、側屈、伸展）によって結果的に左右に動く要素がある。それらの合計が、外見上に表れる左右の動きになる。

それぞれの要素ごとに大きくしすぎて、全部足し合わせるとかなり多すぎてしまうことになるという傾向も、バックスイングのときと同じ。

だから、**下半身の動き自体はそれほど大きくなくても、必要な動きの量をつくれる場合が多い**という考えに改め、動きを組み立て直してほしい、という対策も同じだ。

左右の動きの範囲は、両足の内側と内側の間で行なうことを理想とすると、親指側は両足ともめくれ上がらないことになる。ただし、フィニッシュで左足の親指側がめくれ上がるトッププロも大勢いるので、それが絶対ダメだとは言えない。

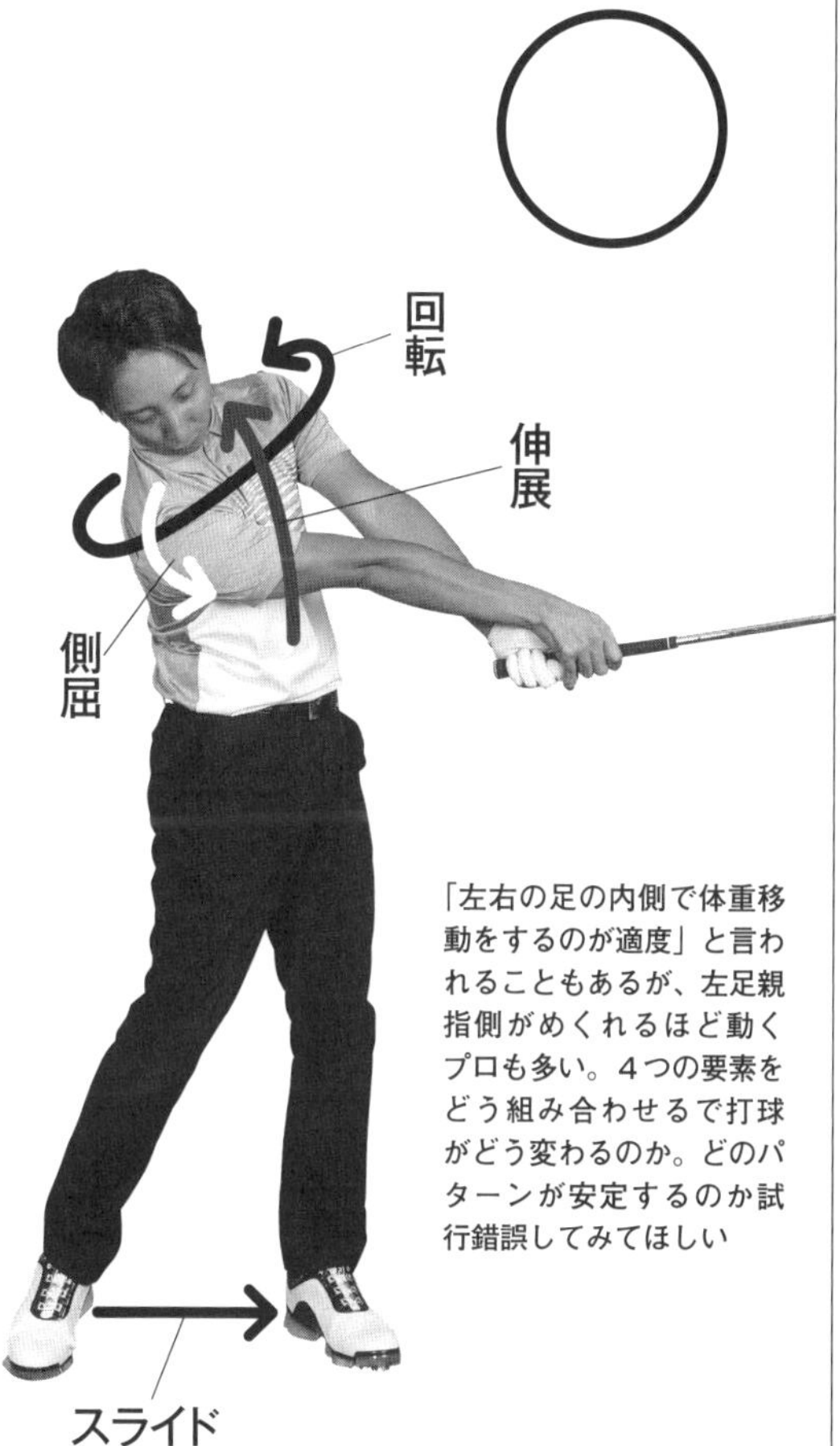

「左右の足の内側で体重移動をするのが適度」と言われることもあるが、左足親指側がめくれるほど動くプロも多い。4つの要素をどう組み合わせるで打球がどう変わるのか。どのパターンが安定するのか試行錯誤してみてほしい

「明治の大砲」も4つの動きのバランスの崩れ

ゴルフ新常識
14
ダウンスイングで右肩は下げてもいい

上半身が右に倒れた状態でのインパクトは、ダフリが出やすい。ダフらないとしても距離の出ないスイングになる。

「明治の大砲になっているね、右肩を下げないようにしよう」と指導されるが、ここまで説明してきたように、**〝右肩を下げる＝右へ側屈する〟ならば、この動き自体は間違いではなく、過剰だからエラーになっている**と考えてほしい。

ダフるのは、右に倒れることで左へ動いていけなくなるからだ。これは単純に、左へのスライドの動きを〝両足の間で〟しっかりつくることで、スライドの動きと右に側屈する量とのバランスがとれてくることが多い。

また、右への側屈が過剰となると、左の体側に伸展が起き、回転が止まる。それに対し、伸展のタイミングを遅らせて、回転をしっかり最後まで行なう意識をもつことで解決する場合も多々ある。

このように、「右肩が下がる」場合の矯正は「右肩を下げない」ではなく、ほかの動きの要素とのバランスを変えることで対処できるということを理解してほしい。

「右に倒れたから左に動いていけない」のか「左に動いていかないから右に倒れる」のか。いずれにしてもスライドと側屈の問題だけでなく、伸展と回転にも影響が出ている。４要素すべてを意識しないと効率良く修正できない

バンプも組み合わせの中の一要素

ゴルフ新常識
15
バンプだけでうまくいく人は一部

「ダウンスイングは下半身リード。カラダの左にあるカベに向かって、腰をぶつけるように動くことからダウンスイングをはじめよう」というレッスンがある。いわゆる「バンプ」という動きだ。が、6DoFの中で言えば、スライドだ。このように「スライドを先にしてしまう」パターンで、4つの動きの要素を組み合わせているプロもいる。

だが、スライドだけでスイングが完了するわけではない。「腰を横にぶつけるように動く」ことで4つの要素のバランスがとれる人もいるし、そうでない人もいる、ということ。

「**バンプ優先**」**のパターンでうまくいかなかった場合は、バンプしながら回転などほかの要素も組み合わせてみよう**。正面からの写真でバンプだけしているように見えても、実は同時に回転もしている場合が多いのだ。

そうでなければ、手やクラブが下りてこない。

カラダの左にあるカベに腰をぶつけるバンプ。「横にぶつかるだけ」のイメージでも、無意識に回転、伸展、側屈を加えている場合もある。１つの要素の意識だけでスイングを変えようとするより、４つの要素に意識を向けたほうが効率が良くなる

グリップスピードはインパクトに向けて減速する

インパクトに向けてクラブヘッドは加速していくものだが、だからと言って手も同じように速く動き続けているわけではない。

手ばかり速く動かしてもヘッドは加速していかない。いわゆる「ヘッドがカラダを追い越さない」振り方になる。

インパクトに向けて、手が減速することが必要なのだ。

切り返しからある段階までは手が加速し、徐々にインパクトに向けて減速することで、クラブは加速する。

そういう手の動きをリードしているのは、体幹の動きだ。

手が減速するのは、その前に肩と腰の回転も減速しているからだ。

体幹の動きが減速し、手が減速するかわりに、ヘッドが加速してインパクトする、という順序。

手だけを振ろうとしなければ、自然とこういう動きになってくる。

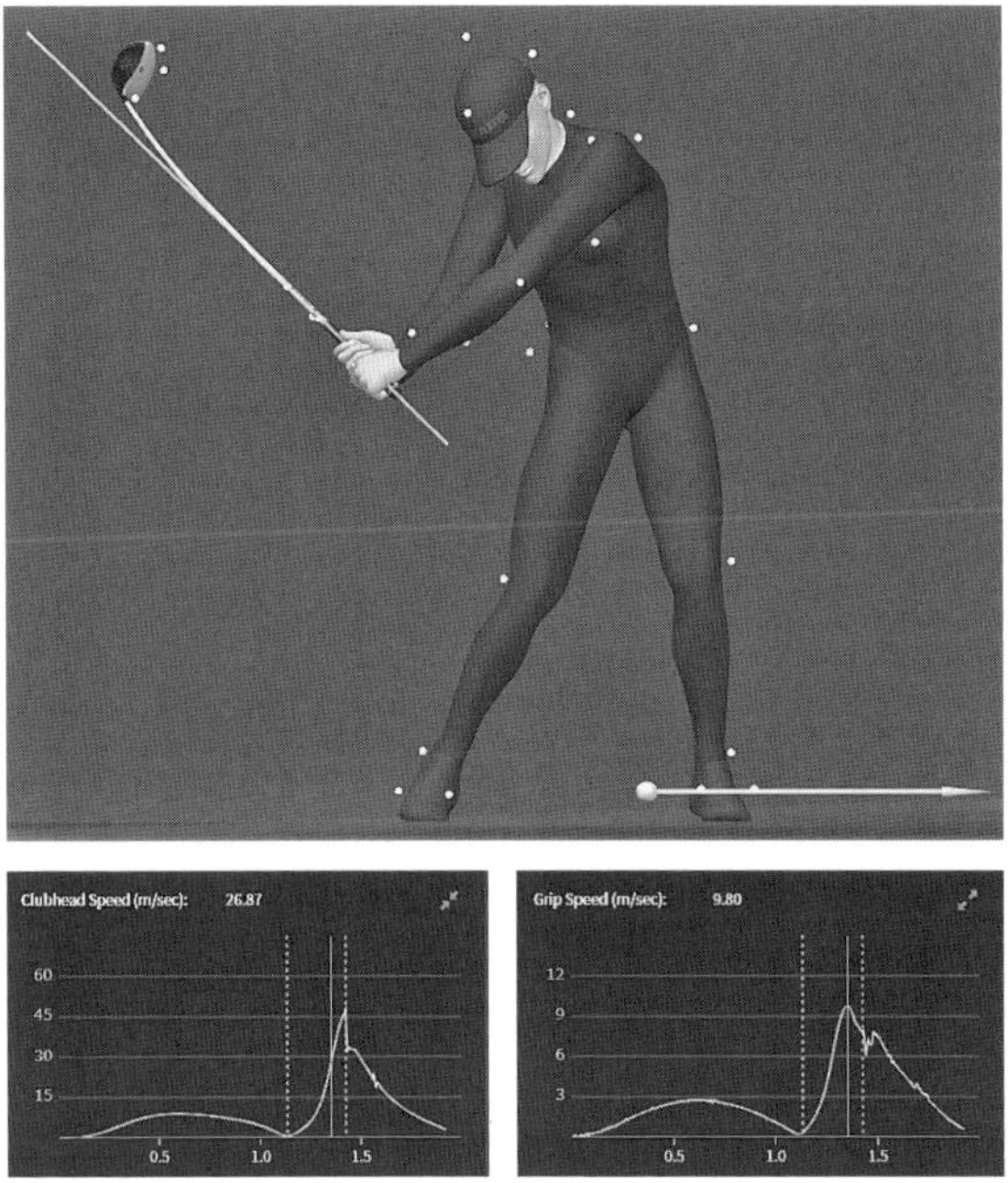

手が腰の高さまで下りてきた上の画像のタイミング（下のグラフでは縦の実線がそのタイミングを、左側の点線が切り返し、右側の点線がインパクトのタイミングを示している）が、グリップのスピードは最速となっている（右グラフ）。そのあとは、手は減速し、ヘッドが加速している（左グラフ）

スイングに正解はない オンプレーンも目安に使えばいい

誰かが言った「スイング理論」は、さまざまな動きの組み合わせ方のひとつのパターンにしかすぎない。人によってはそれでいいスイングがつくれたとしても、あなたには当てはまらないのかもしれない。

人間のカラダの物理的な特性も内的な感覚も、人それぞれ。だから6DoFの動きを自分がやりやすいように組み合わせればいいのだ。もしそれが、いわゆる基準とか正解だと思われているようなもの、たとえば「オンプレーン」のクラブの動きや、それに沿ったカラダの動きと違うとしても、まったく問題はない。そんなものに沿った動きをしていないけれども、プロとして大活躍している人はたくさんいるのだ。

正解がないから、この本でも説明に行き詰まることもあった。「こうならなきゃいけない」とも「それはダメ」とも言い切れることはないからだ。

ただ「オンプレーンのスイングを基準とするなら、こうしたほうがいい」ということはある。確かにオンプレーンのスイングは、確率を高めるには合理的だろうから、基準として採用してもまあいいと思う。でも、合理的だからといってあなたに合うかどうかはわからない、ということは忘れないでほしい。

第3章

ハイスピードカメラ、弾道測定器が明らかにしたインパクト

ザ・リアル・スイング
THE REAL SWING

ゴルフ新常識

16

インパクトは数字で表される時代

ハイスピードカメラと弾道測定器

感覚と事実をすり合わせてスイングを調整するプロたち

近年、トッププロたちが弾道測定器を所有している。

ピンシーカー（距離計）などもそうだが、こういった機器は軍事分野で開発されたテクノロジーを使ったものが多い。弾道測定器は、レーダーを使った追尾システムを元にした装置だ。

目では追い切れないから、これまでは感覚頼りだった**インパクト前後のクラブの動きやボールの飛んでいく状態を、数値化して具体的に表現してくれる。**

インパクトで起きていることが把握でき、それと自分の感覚とのすり合わせや、具体的にどこをどう修正するのかを見極めることが、飛躍的に確かなものになった。

さらにもっとリアルなインパクトでのボール、ヘッド、シャフトの事象を明らかにしてくれるのが、何十万分の1秒ごとに画像として見せてくれる超高速ハイスピードカメラである。

こうした最先端機器がスイングの理解を変えたし、指導の方法も変えた。この章ではそうしたことを説明していく。

弾道測定器はレーダーによる追尾システムを利用して、弾道を測定する器具。ここで使ったのはフライトスコープ。ほかにUSPGAツアーにデータを提供しているトラックマンなどが知られている

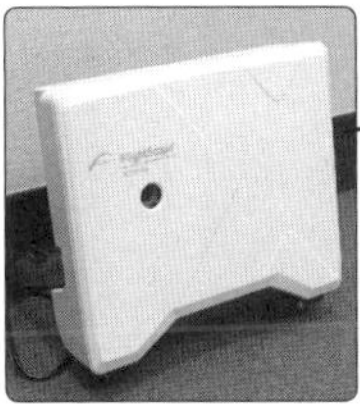

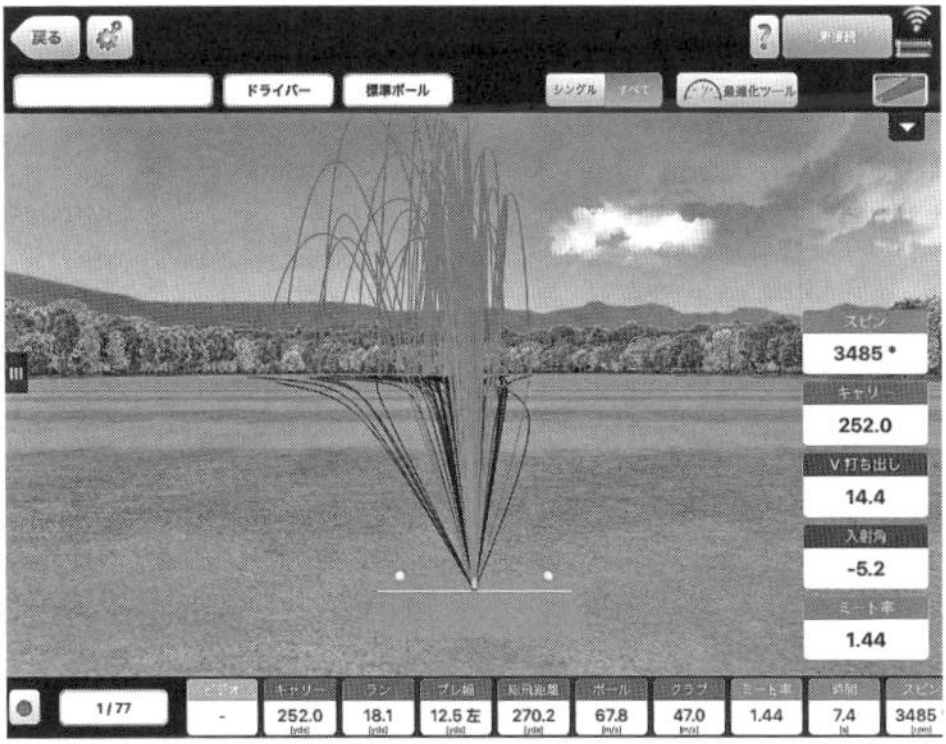

インパクト前後のクラブの動きと打ち出し直後のボールの挙動を細かく数値化する。それによってスイングとインパクトの実際が詳細に明らかになった

クラブパスとフェース向き

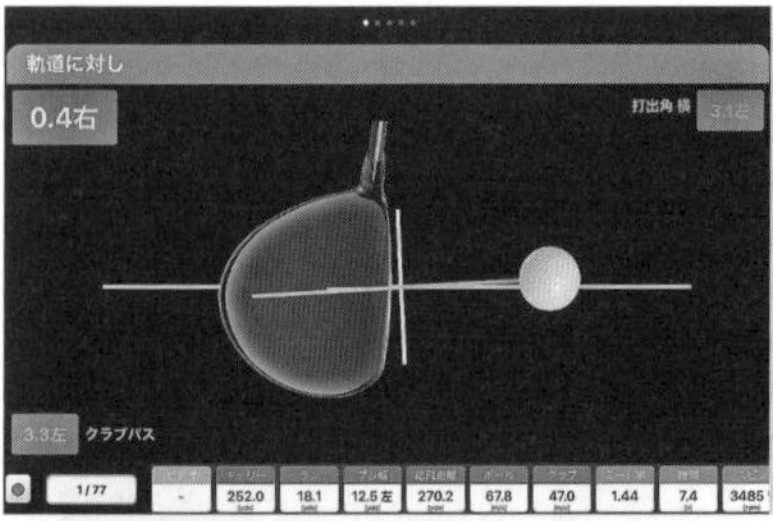

入射角とインパクトロフト

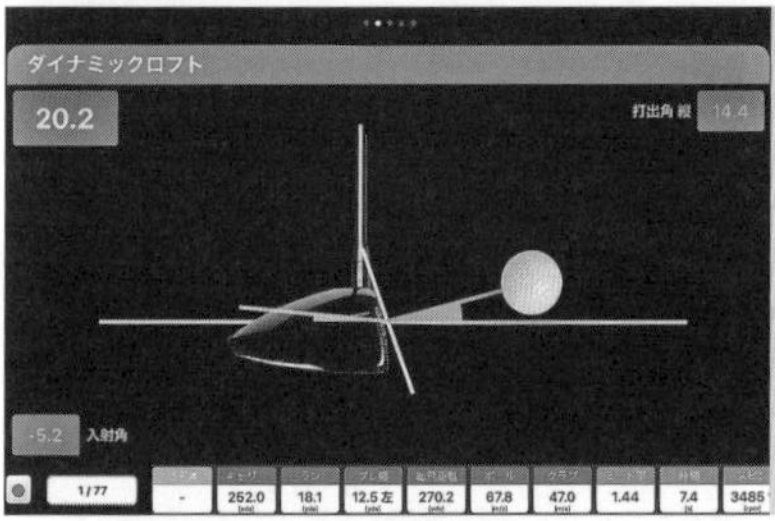

スイングプレーンとクラブパス

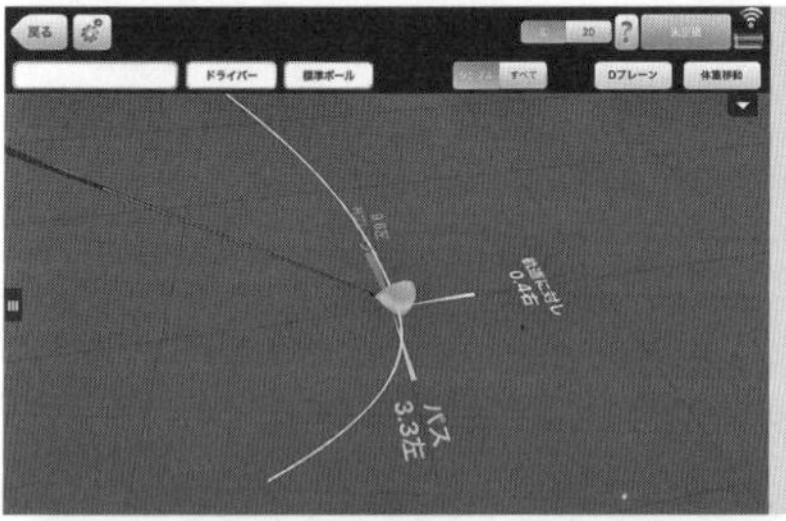

スピン量と回転の傾き

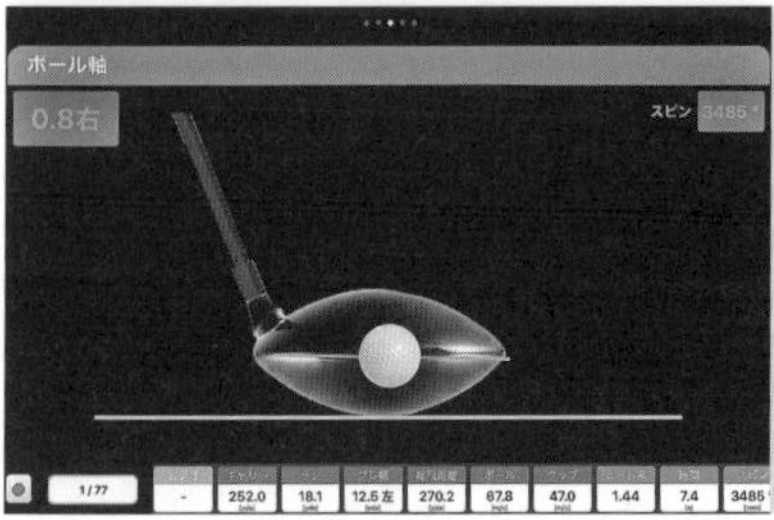

インパクトがどうだったか。ヘッドスピード、スイングプレーン、入射角だけでなく、クラブパス、スピンロフト、ダイナミックロフト、パスに対するフェース向き、ミート率などが判明する

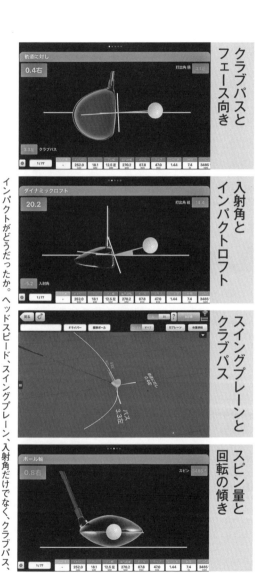

打球の飛び方のプロフィール

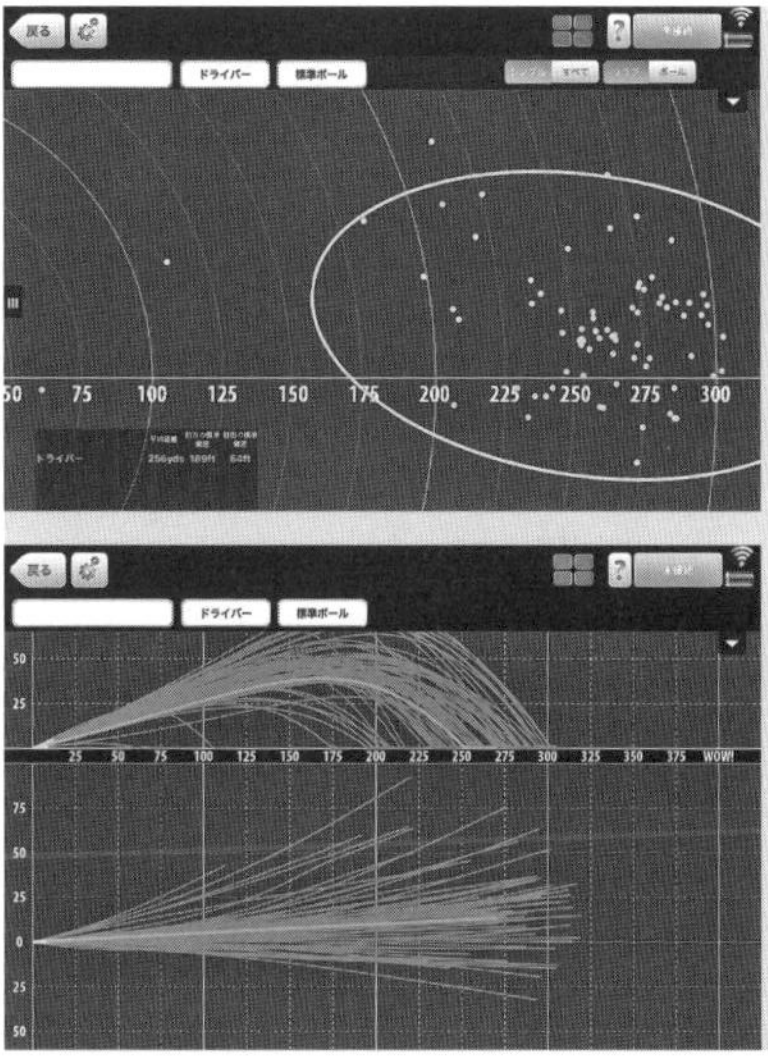

打球を追尾することでボールスピード、打ち出し角、降下角度、最高到達点、キャリーとラン、総飛距離、ばらつきを表示。追尾できない環境ではインパクトのプロフィールから計算してデータを出すことができる

ヘッドスピードと加速度のプロフィール

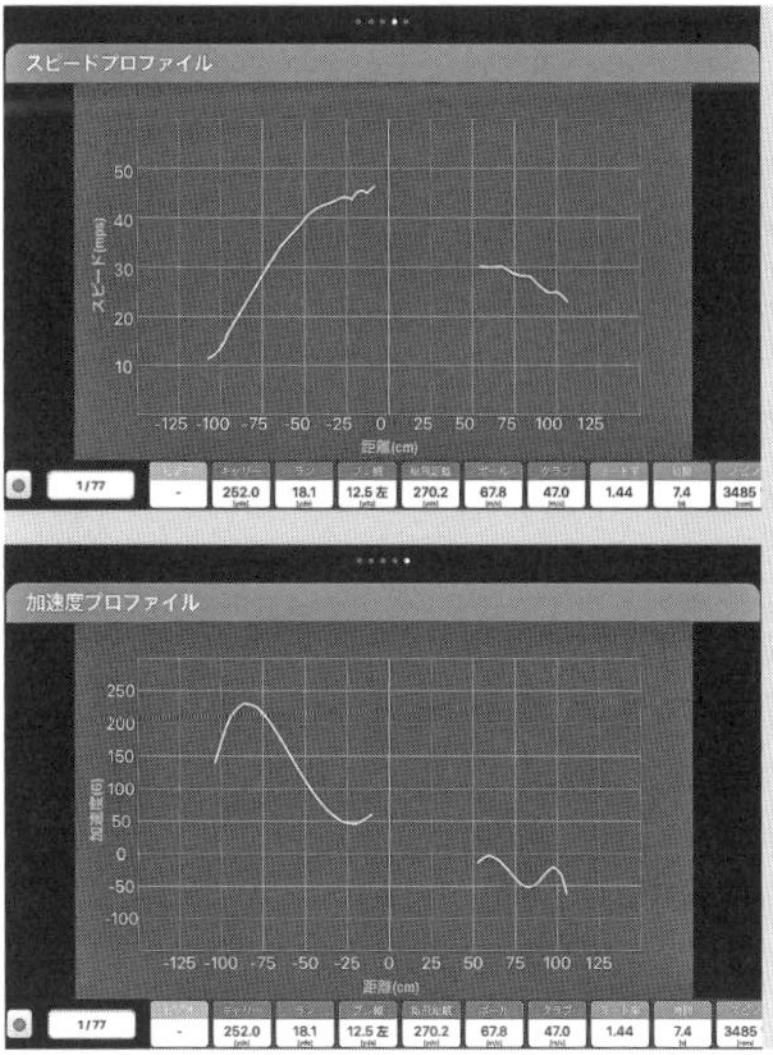

ヘッドスピードの推移と加速度の推移をグラフ化してくれる

【スイング軌道に打ち出される】という旧法則を事実が否定した

ボールの飛び方について、従来、【スイング軌道（スイングプレーン）がボールの打ち出される方向を決め、インパクト時のフェースの向きが打ち出されたボールの曲がりに影響する】と語られてきた。

だが、ハイスピードカメラによってインパクトが解明され、従来の考え方はくつがえされた。そして今では〝新飛球の法則〟が認められている。

『**フェースの向きが打ち出し方向に大きく影響を与える。インパクト時のクラブパスとフェースの向きの関係がボールの曲がりを決める**』というものだ。

「パス＝path」は「道、方向」という意味。

従来のスイングプレーンは、スイング全体としてどの方向へ振っていたのかを示していたのに対し、クラブパスはインパクト前後を切り取った部分だけのヘッドの進行方向を意味する。

ゴルフ新常識
17
軌道全体ではなく問題はインパクト前後

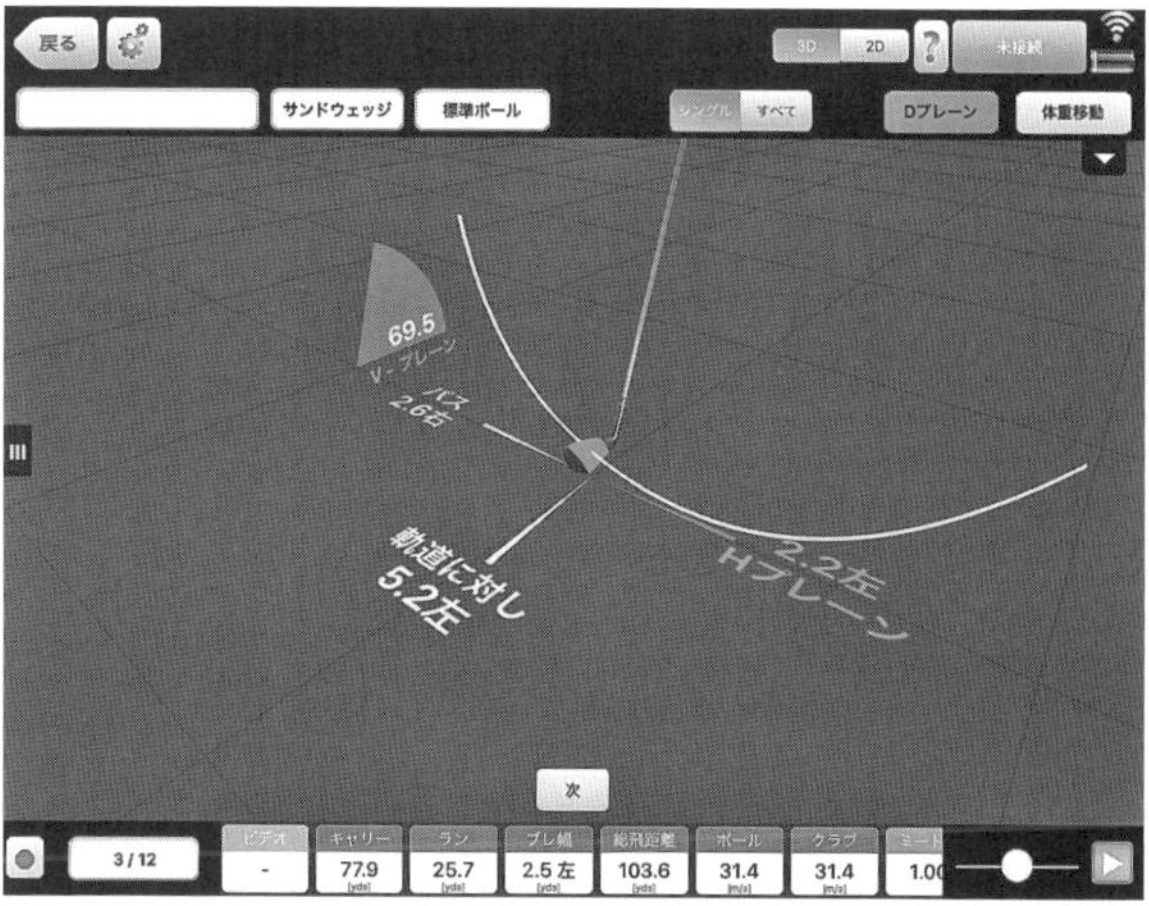

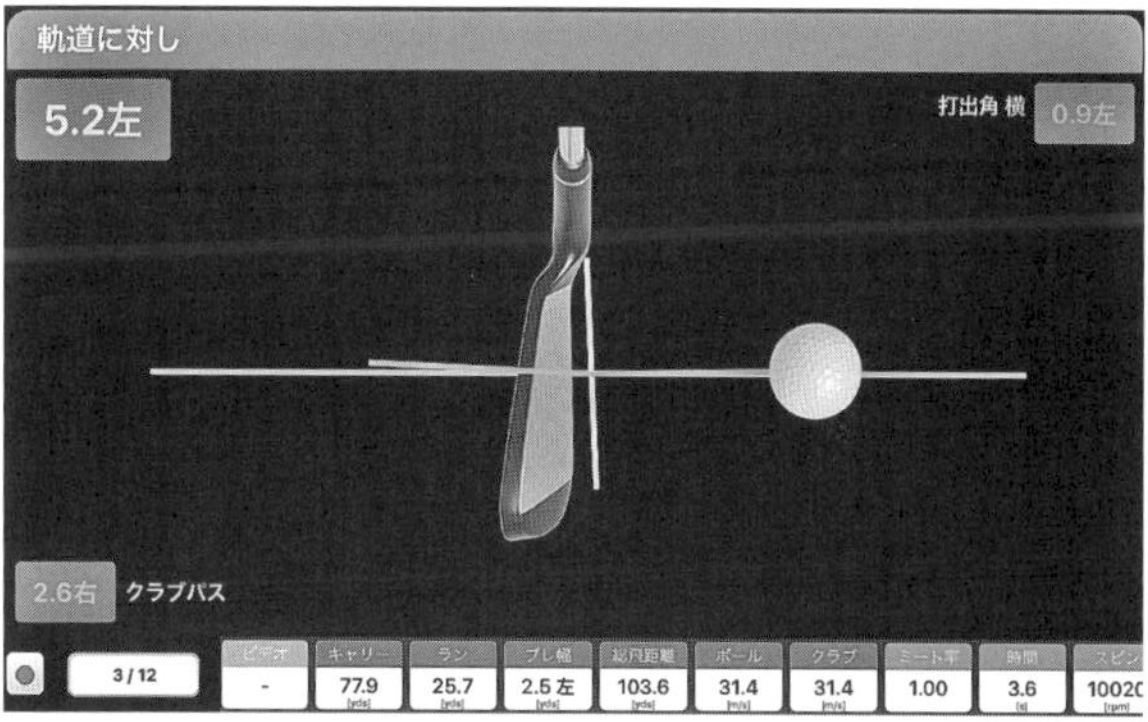

プレーンは左に向いている（アウトサイド・イン）が、クラブパスは右を向いて（インサイド・アウト）インパクトしている。その結果、打球は軽いドローになったことを示している

ボールが右に打ち出されるのはフェースが開いているのが原因

実際に打ち出し方向がフェースの向きに大きく影響を受けているハイスピードカメラの画像をお見せしよう。

写真はアウトサイド・インのパスでヘッドがインパクトに向かって入ってきている。もし、スイングプレーンがアウトサイド・インだったら、旧飛球の法則にしたがえば打球は左に打ち出されるはずだ。

だが、ハイスピードカメラは、残酷にもそれと違う事実を映し出している。**どんなにクラブパスがアウトサイド・インであろうが、フェースの向きが右を向いていたら、ボールの飛び出し方向は右になる。**

クラブパスがアウトサイド・インで打球の飛び出しがターゲットに対して左になるのは、フェースが左を向いているときだ。

これで、軌道がボールの飛び出しを決めるのではないことを納得いただけただろうか。

ゴルフ新常識
18
フェース向きが打ち出し方向を決める

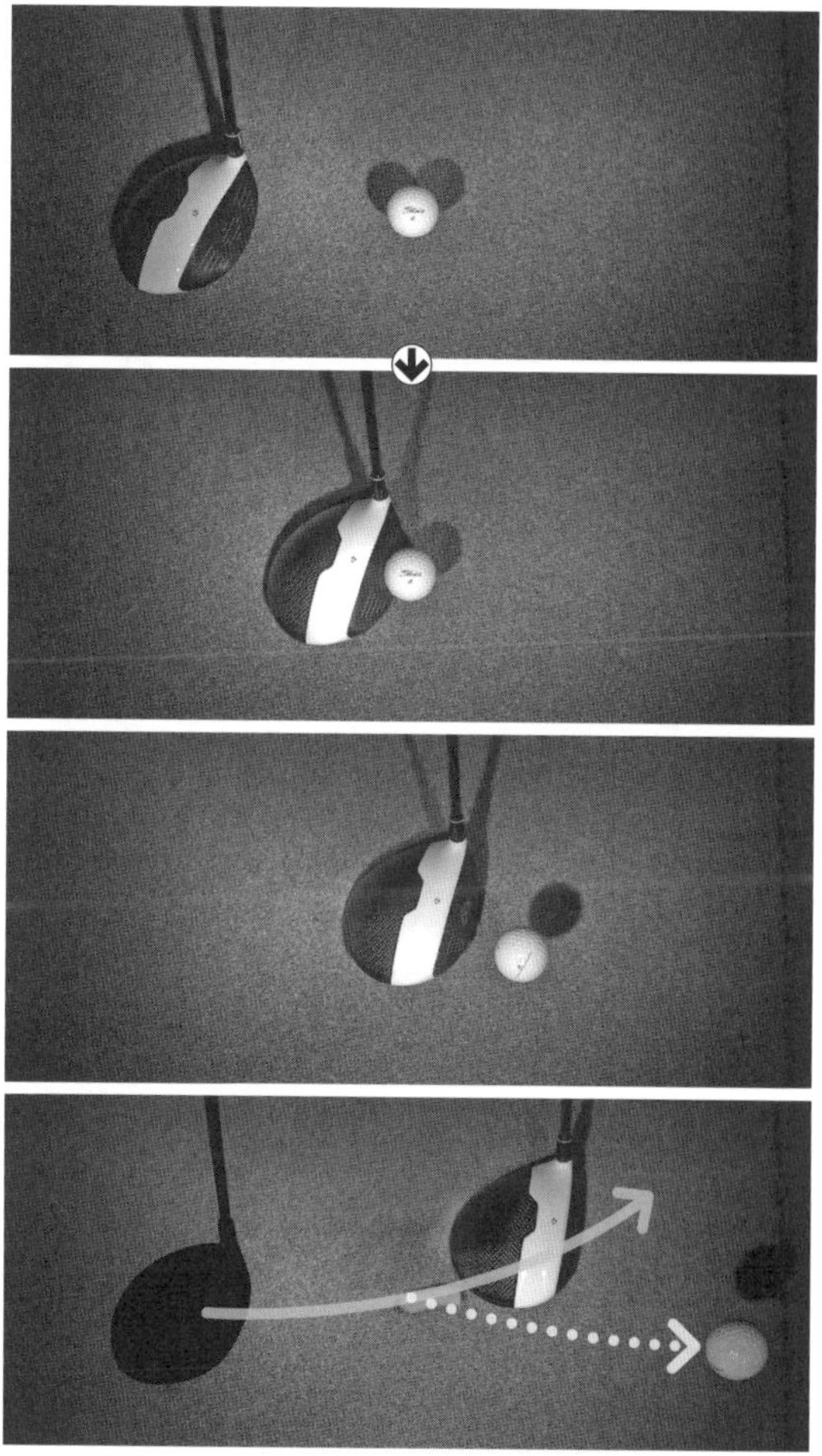

クラブパスはアウトサイド・イン。従来のセオリーならば打球は左に出るはずだが、フェースが右を向いているため、打球は右に出ている。打ち出し方向は軌道ではなくフェース向きが決めていることを、ハイスピードカメラが証明したのだ

アイアンとドライバーの違い

フェース向きが打ち出し方向に与える影響はアイアンが75%、ドライバーは80%

ちなみに、打球方向は100パーセント、フェースの向きで決まってしまうわけではない。

アイアンの打ち出し角を決める要素としては、75パーセントがフェース向きで、軌道の影響も25パーセントほどある。

それに対し、ドライバーは80パーセントがフェース向きで、軌道は20パーセントと、微妙に違う。

なぜ、ドライバーとアイアンでは割合が違うのかと言えば、**ドライバーにはバルジ（フェース面の左右方向の丸み）があるからだ。**

ドライバーはこの丸みがあるために、当たる場所によって打ち出し方向がわずかに変わるわけだ。

アイアン

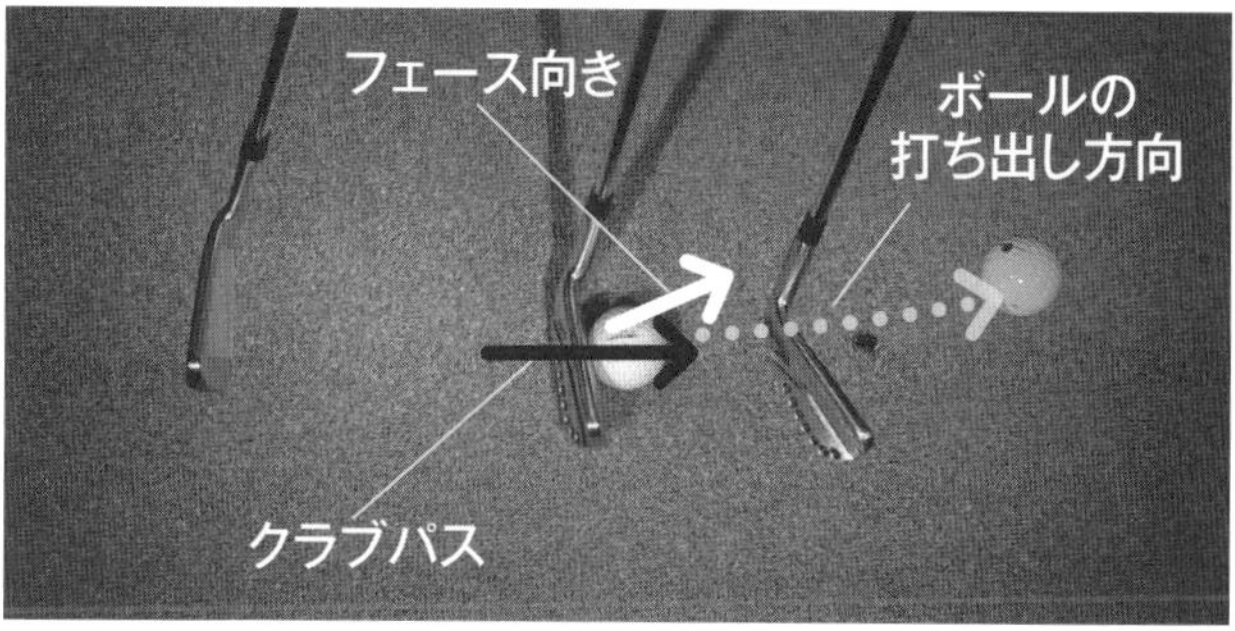

アイアンの場合、ボールの打ち出し方向は
フェース向きが75%影響している

ドライバー

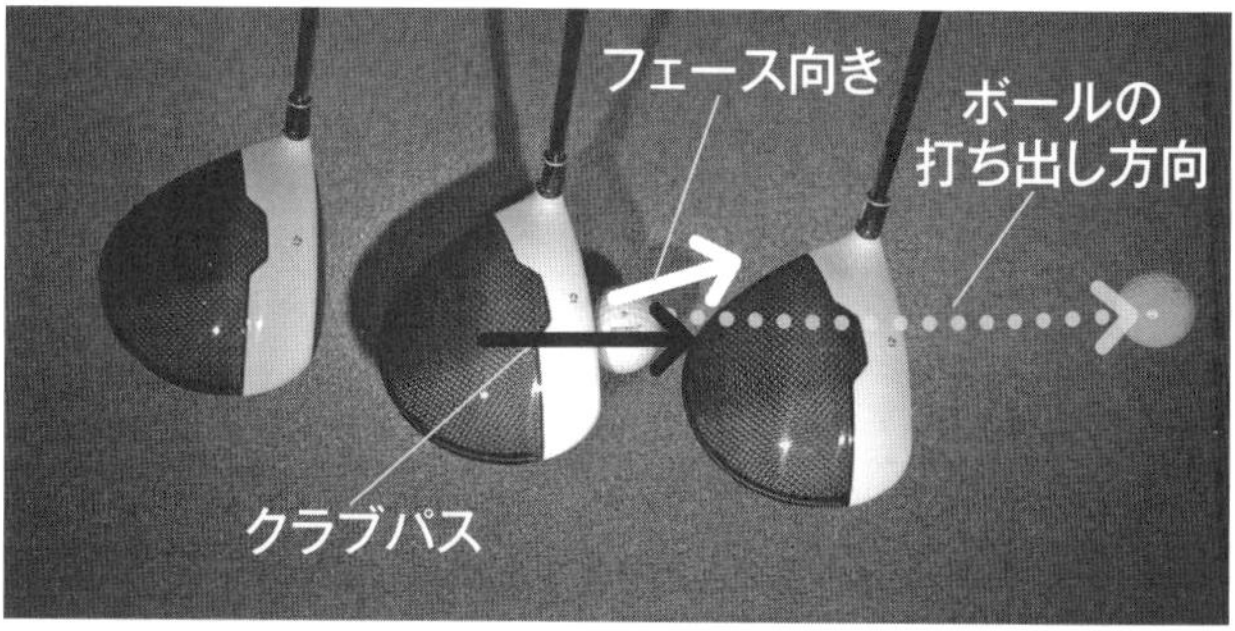

ドライバーの場合、ボールの打ち出し方向
はフェース向きが80%影響している

打球方向を決めるのはプレーンではなくパス

ゴルフ新常識
19
スイングプレーンとクラブパスは違う

スイングプレーンは読んで字のごとく、ヘッドが通るスイングの面、つまりスイングの方向だ。弾道測定器のデータでは、「H-plane」（ホリゾンタルプレーン）、「swing direction」（スイングダイレクション）という呼び名で表現している。

そして、クラブパスは、インパクトでクラブが進んでいる方向。データ上では、「path」または「club path」。

このふたつは、同じことを言っているようで、大きく違う。

データ画像を見てほしい。**スイングプレーンは左を向いている（アウトサイド・イン）。パスは右を向いている（インサイド・アウト）。パスはスイングプレーンからインパクトだけを切り取った一部だからだ。**

スイングプレーン自体は、アウトサイド・インで左向きに振っていても、そこそこダウンブローでインパクトゾーンに入ってくるミドルアイアンくらいまでは、パスとしてはインサイド・アウトでボールをとらえているケースが多い。

短い番手ほどそうなるのは、ヘッド軌道の半径が小さくなり、入射角がきつくなるとともにフェースが右に向く度合いが強くなるからだ。

逆にドライバーでは、スイングプレーンがインサイド・アウトでも、パスはアウトサイド・インに入ってくる。

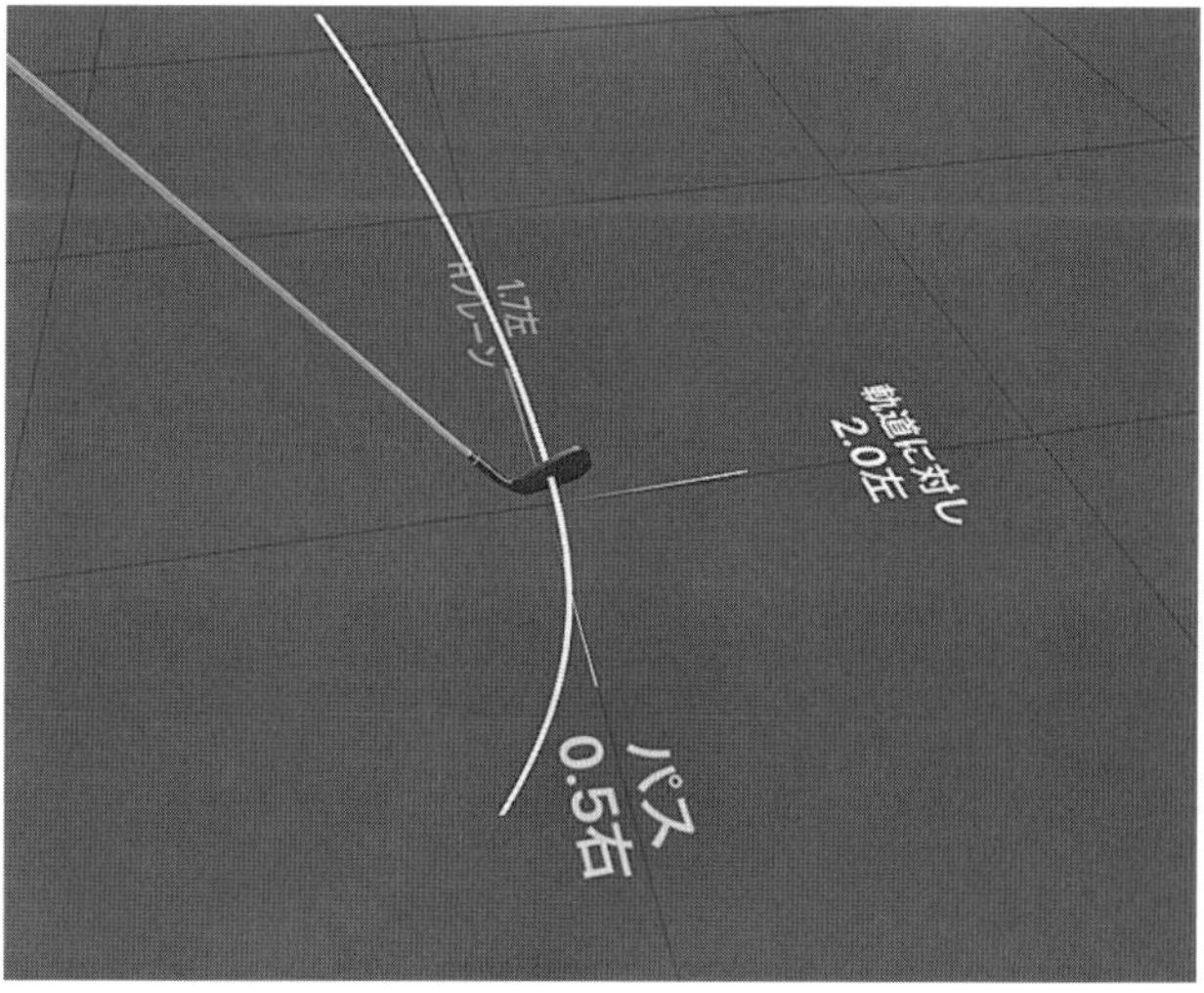

スイングプレーン（スイング全体の方向）は左を向いている（アウトサイド・イン）。だがクラブパス（インパクトでのヘッドの進行方向）は右（インサイド・アウト）になっている

ベン・ホーガン、すごい！

ダウンブロー・アッパーブローとクラブパス

ゴルフ新常識
20
ボールの打ち出し方向は番手によって違う

もう一度、オンプレーンの場合で考えてみる。

軌道の最下点でインパクトすれば、クラブパスはストレートだ。

でも、軌道の最下点よりも右で打てば、クラブパスはインサイド・アウト。つまり、ダウンブローで打つアイアンショットはオンプレーンで振っていても、ヘッドの動きは右に向かっているタイミングでボールを打ち出していることになる。

それに対し、ドライバーは最下点よりも左で打つため、クラブパスはアウトサイド・イン。つまり、ヘッドは左に向かっているタイミングでボールを打ち出している。

ここで、アイアンとドライバーで、クラブパスを（つまり打ち出し方向も）ストレートにそろえようとするとどうなるのか。

オンプレーン（ターゲットに対してインサイド・イン）で振っているのに、**アイアンではヘッドが右に動いているタイミングで打たざるを得ないのだから、それを目標方向に向**

け直すには、スタンス向きは左向き、つまりオープンスタンスとなる。

ドライバーではヘッドが左に動いているタイミングで打っていたわけで、それを目標方向に向け直すには、スタンス向きを右向きにすればいい。

これ、ベン・ホーガンが『モダンゴルフ』で示した、番手ごとのスタンス幅と向きの一覧図にぴたりと合致する。

クラブの長さに応じて、スイングプレーンの傾きは変わり、クラブパスの方向の変化の度合いも変わってくる。そこには注意してほしい。

ドライバー

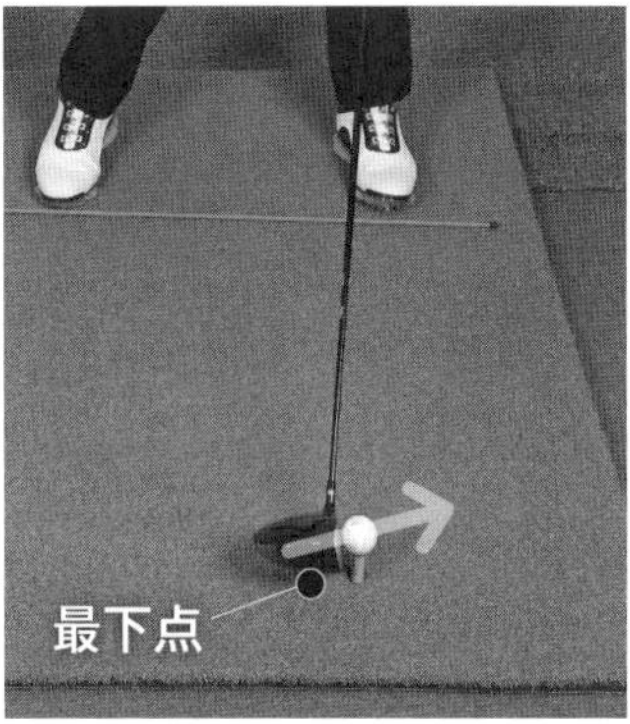

ドライバーは最下点の先にボールがある。つまりパスはアウトサイド・インになる。打ち出しを飛球線に真っすぐ向けたかったら、スタンスをクローズにすればいい

アイアン

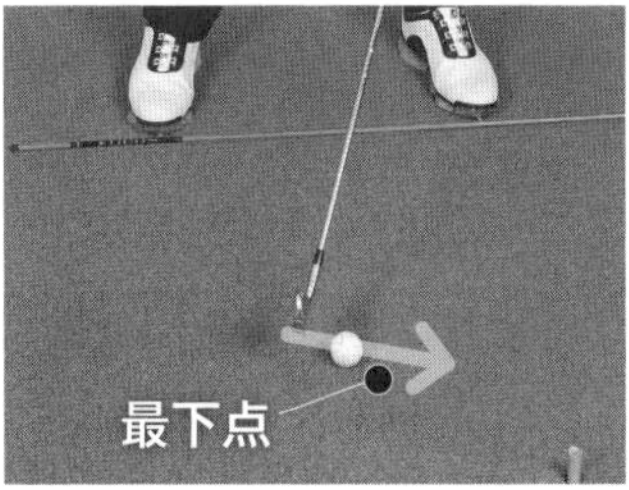

アイアンは最下点の手前にボールがある。つまりパスはインサイド・アウトになる。打ち出しを飛球線に真っすぐ向けたかったら、スタンスをオープンにすればいい

サイドスピンがバックスピンと別にある？

インパクトのフェース向きとパスの向きのズレの問題

ゴルフ新常識
21
スピン軸の傾きがボールを曲げる

「サイドスピン」の話を聞くと、バックスピンとサイドスピンとが別々にかかっているというニュアンスに聞こえやすい。だが、ひとつの物体に、同時にふたつの回転が起きるはずがない。

最近では「スピンアクシス」という言い方をするようになってきた。アクシス、つまり軸。スピン軸だ。

真っすぐ飛ぶボールのスピンを今までの発想で表現すると、バックスピンだけで、サイドスピンがゼロ。これをスピン軸で説明すれば、水平な軸でボールが回転している、ということになる。

曲がる球は、スピン軸が傾くから、と説明される。軸が右に傾けば右に、左に傾けば左にボールは曲がっていく。

なぜ、スピン軸が傾くかと言えば、クラブパスとフェース向きの角度の差による。

フェースがクラブパスより右に向けば、スピン軸は右に傾き、右に曲がる打球になる。

逆にフェースがクラブパスより左を向けば、ボールのスピン軸は左に傾き、ボールは左に曲がる。

クラブパスとフェースの向き

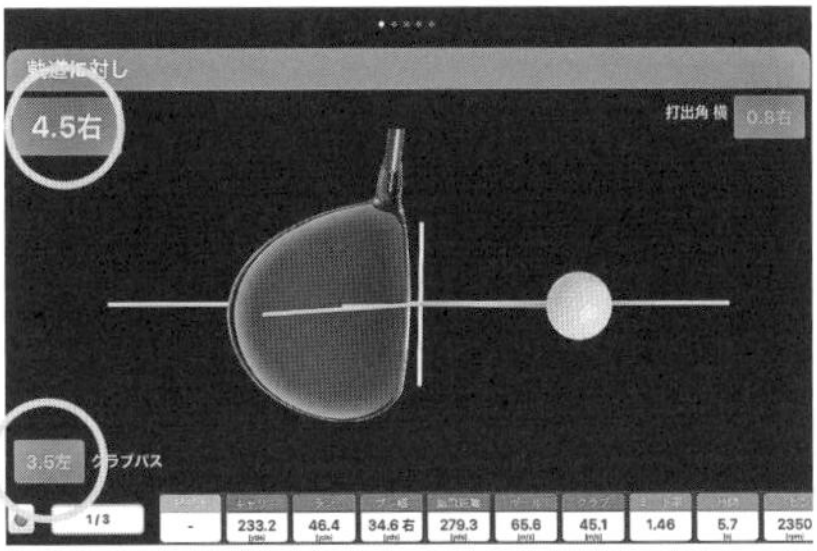

スピン量と回転の傾き

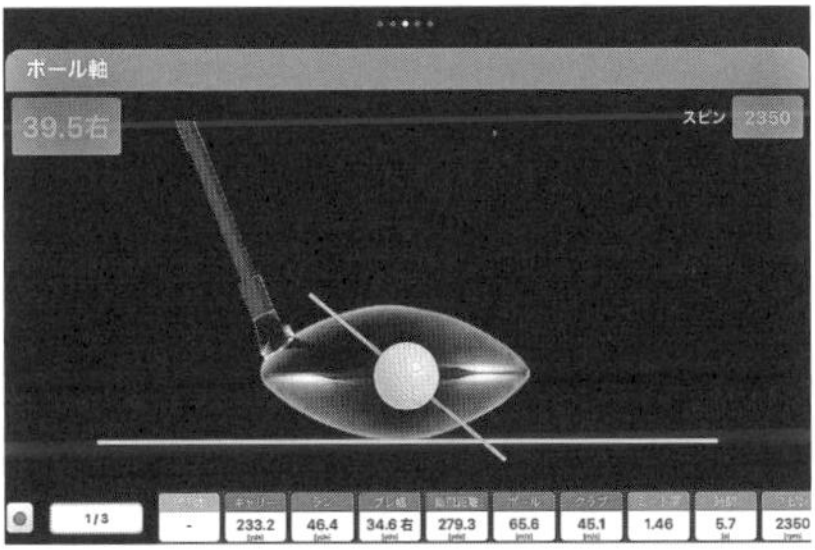

弾道（白線）

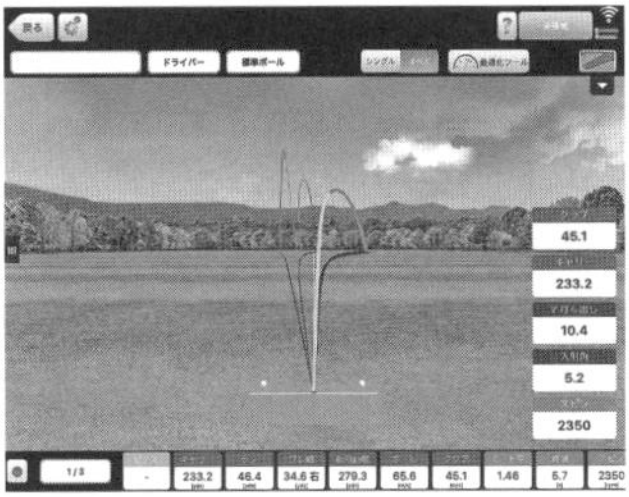

クラブパスがアウトサイド・イン3.5度でフェースの向きはパスに対して4.5度右を向いていた（つまり目標に対して1度右）。そのためボールのスピン軸が右に39.5度も傾き、大きなスライスになったことを示している

ドローはスピン軸が左に傾く

クラブパスの向きよりフェースが左に向けばドロー

クラブパスに対して、フェースがどっちを向いているのか。それがスピン軸に傾きをつけてしまう。**フェースがクラブパスと同じ方向を向いているならば、スピン軸は傾かない。**いわゆる、バックスピンのみで、サイドスピン要素がゼロの打球になる。

もし、フェースが開いていたら、ボールはフェースに当たってからトウ側に転がるようにしながら打ち出される。これによって、通常のバックスピンに加えて、スライス回転がかかる。

2種類のスピンがかかるわけではなく、回転軸の右側が低く、左側が高くなるように傾くだけの話。だから、右に曲がっていく。

こうした事実は、現在「Dプレーン」(P108、109参照)という発想を用いて、きわめて論理的に説明することが可能となっている。

パスとフェースがバラバラ

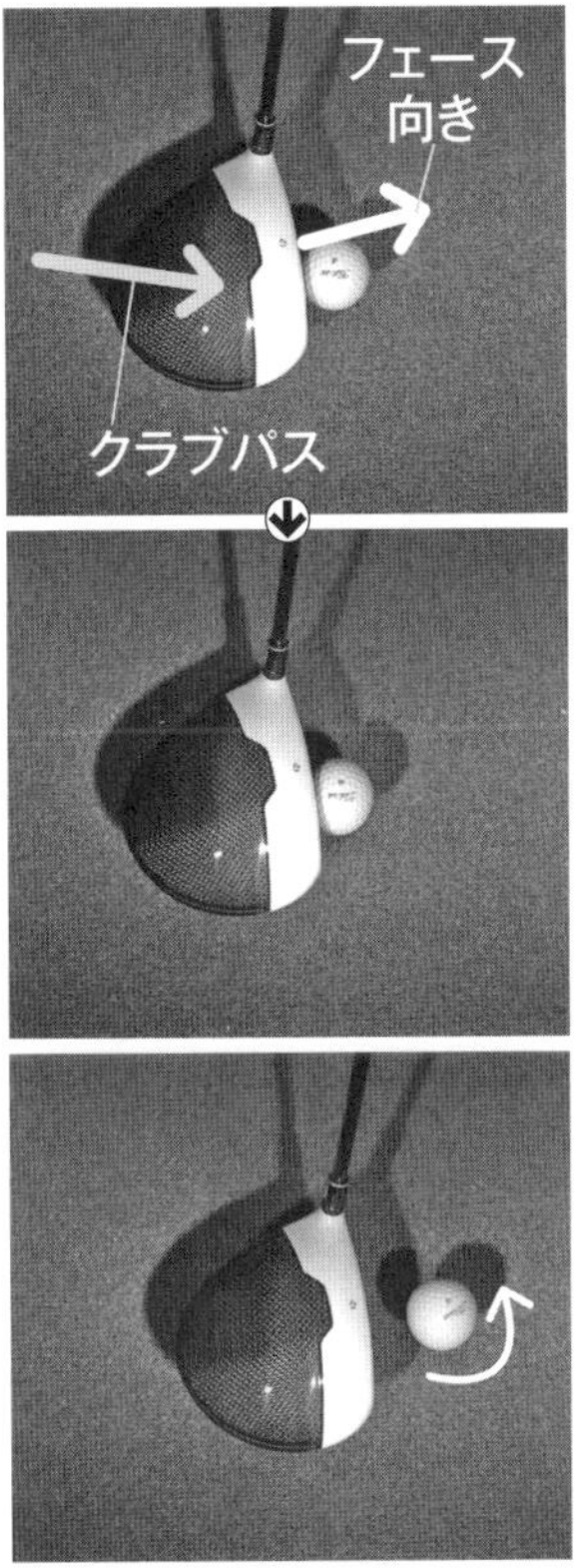

クラブパスがインサイド・アウトで、フェース向きはクローズ。インパクトし、ボールがつぶれた瞬間からわずかにボールのマークが左に回っている。トウ寄りでインパクトしているため、そのギア効果による左回転も加わり、強いフック回転で飛び出している

パスとフェースが一致

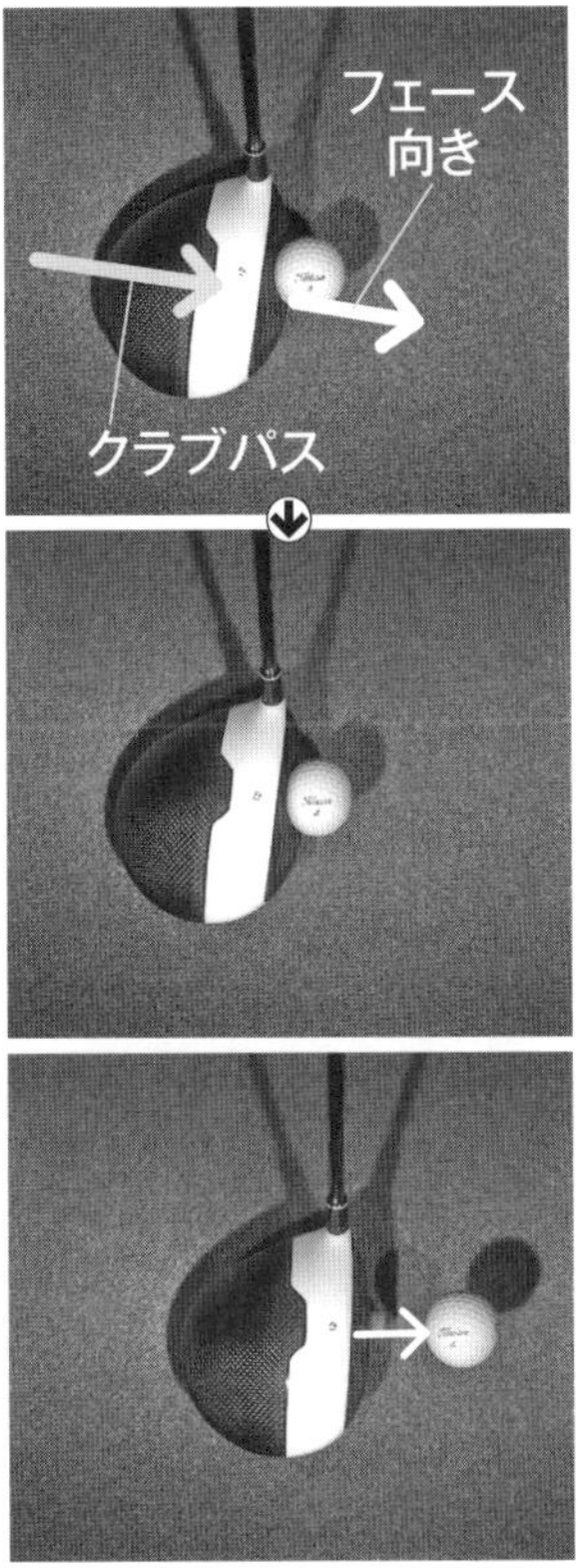

クラブパスがインサイド・アウトで、フェース向きはオープン。ほぼクラブパスと同じ方向を向いている。インパクトし、ボールがつぶれて飛び出す瞬間も、飛び出したあともボールのロゴマークの向きは変わっていない。つまりサイドスピン要素がない回転

フェース向きとクラブパスがつくる平面

スピン軸は「Dプレーン」の傾きで説明される

ゴルフ新常識
22
ボールの曲がり方はDプレーンでわかる

インパクトでのフェースの向いている方向に、ヘッドからラインを伸ばす。当然、ロフト角も考慮に入れた斜め上に向かうライン（①）だ。

それとクラブパス（②）。スイングプレーン同様のゆるやかな円弧だとイメージしがちだが、定義からすると〝インパクトの瞬間のクラブの進む方向〟なので、直線なのだ。基本的にこのラインは地面と平行で考える。

ふたつ直線があれば、その両方を含む面がひとつ出現する。それが「Dプレーン」だ。ボールはこの方向に打ち出されるが、スピン軸はDプレーンに直角になる。

クラブパスが完全にターゲットに向かっていて、フェース面もターゲットに向かっていれば、Dプレーンはターゲットに向かうラインの真上に、垂直な面として現れる。だからスピン軸は水平だ。

フェースが右を向いていれば、Dプレーンの面は右に傾く。スピン軸も右が低く、左が高くなる。

クラブパスとフェースの向きのズレが大きければ、Dプレーンの傾きは大きくなり、同時にスピン軸の傾きも大きくなる。つまり、ボールの曲がりが大きくなる。

ただし、この「曲がり方の法則」は、芯で打っていることが前提となる。

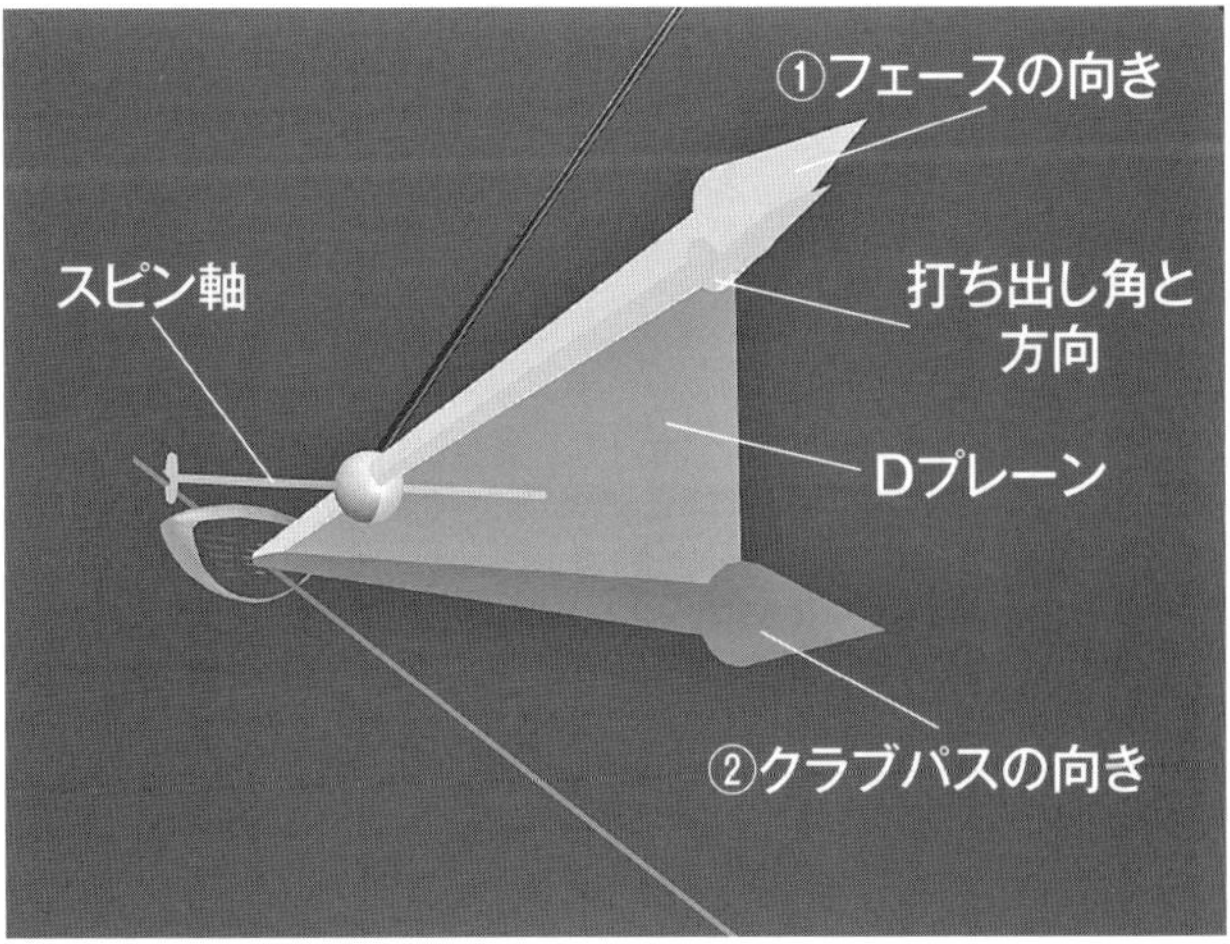

Dプレーンの理論は1999年につくられたとされている。クラブパスとフェース向きのズレが大きければ、Dプレーンの傾きがそのぶん大きくなり、それがすなわちボールの曲がり幅が大きくなることに直結する

打点のブレと打ち出し方向のブレの話

ディンプル1個のズレで5・5度スピン軸が傾く

新飛球法則やDプレーンによる曲がり方の説明が成り立つのは、芯で打ったときだ。芯を外して打つと、その衝撃でフェース向きが変わるため、インパクト前のフェース向きとインパクト後のフェース向きががらりと変わる。

インパクトの間、ボールはつぶれてフェースにくっついている時間がある。打点が芯からブレていると、ボールがつぶれてくっついている間にフェース向きが変わることになり、打ち出される方向が変わる。

スイートスポットからのズレが、ディンプル1個で、ボールの回転軸が5・5度（時計盤でいえば、ほぼ1分の角度）傾くという計算が成り立つと言う。ギア効果もはたらくが、打球結果からすると250ヤード先で12ヤードのズレになって現れる。

それに対し、アイアンはディンプル1個のズレで、ボールの回転軸は2度傾き、同じくギア効果を含め、150ヤード先では2・5ヤードのブレとなって現れると言う。

ドライバーのほうが角度がズレるのは、フェースにバルジ（フェースのトウからヒールにかけての丸み）があるからだ。

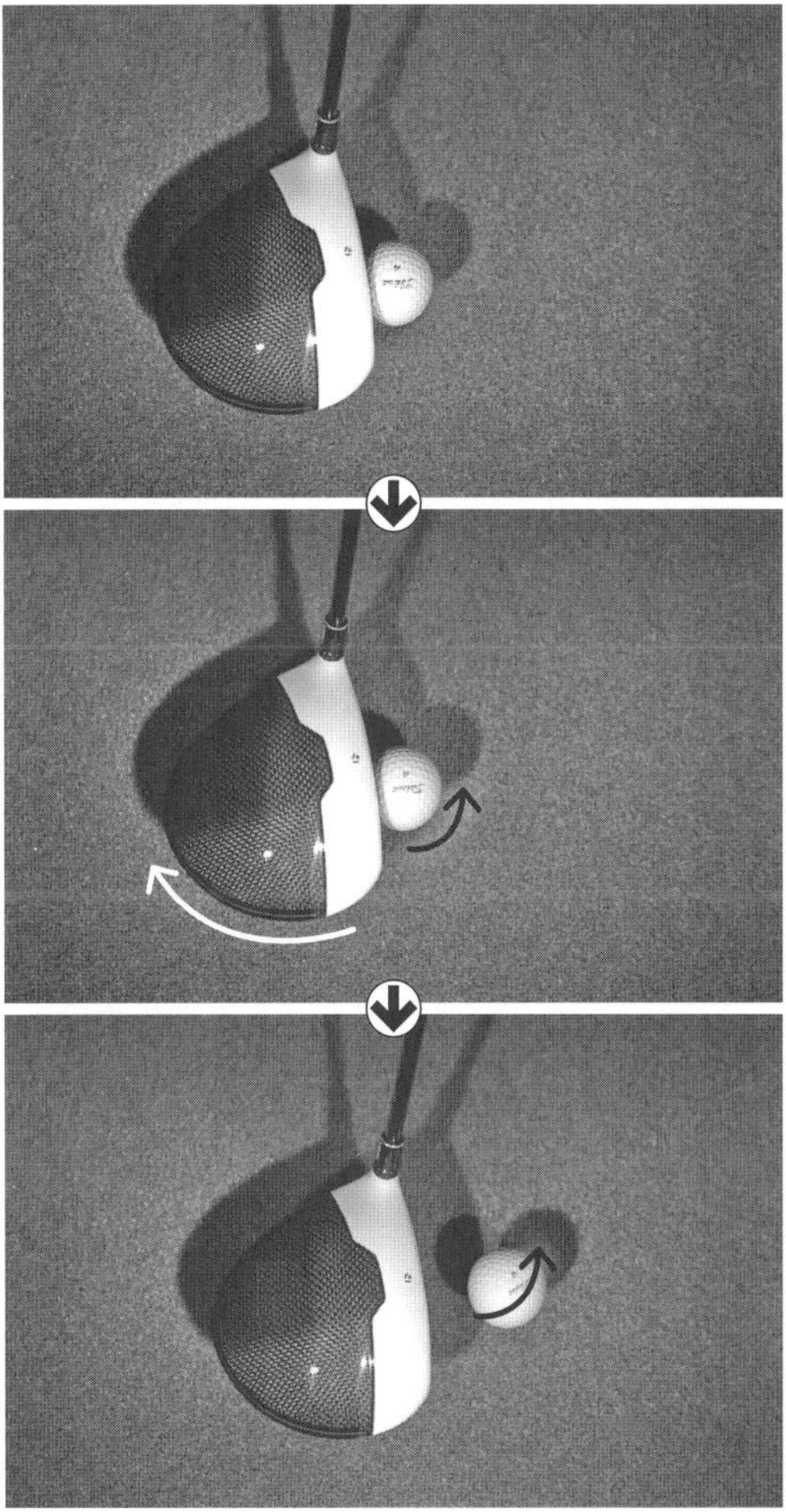

芯を外すとギア効果がはたらきフェースとボールが回転する。打点がトウ側にズレた場合はスピン軸が左に傾き、左に曲がる打球になる

打ち出し角を高めればスピン量は少なくていい

ゴルフ新常識
23
スピン量はプロで2200〜2500rpm

飛距離を決めるインパクトにおける3要素とは、①打ち出し初速、②打ち出し角、③スピン量だということは、ご存知だろう。

ドライバーショットについて考えよう。

スピン量は浮力をつくるファクターだ。多すぎると浮力が大きくなりすぎて、フケ上がってしまう。が、逆に少なすぎれば浮力が足りなくなってドロップする。

最適スピン量というものがあるのだ。

しかし、それがどのくらいの量かということになると、打球スピードで違ってくる。

つまり、**①初速ごと、②打ち出し角ごと、に最適なスピン量の範囲というものが違う。**

どのくらいがいいのかは、弾道測定器のシミュレーション機能で、明らかにすることができる。それを左ページからの表にしてみた。

従来は、もっと多めのスピン量が最適と言われてきた。だが、それは打ち出し角をここまで高くできなかったからだ。最近は、打ち出し角を高めることができるクラブが開発され、スピン量をより減らせれば飛距離が伸びるということがわかってきている。

ヘッドスピードが遅い場合は、ある程度スピン量は必要だ。が、それでも、**打ち出し角については今までの常識的な角度より、高めに打ち出すほうが飛距離は出やすい。**

表と自分のデータを見直せば、まだまだ可能性があることがわかると思う。

表1 ヘッドスピード35m/秒→ボール初速52.5m/秒の場合

	スピン量 1600rpm	スピン量 2000rpm	スピン量 2400rpm	スピン量 2800rpm
打ち出し角 8度	152ヤード	156ヤード	160ヤード	162ヤード
打ち出し角 10度	163ヤード	166ヤード	168ヤード	169ヤード
打ち出し角 12度	171ヤード	173ヤード	174ヤード	175ヤード
打ち出し角 14度	178ヤード	179ヤード	180ヤード	179ヤード
打ち出し角 16度	182ヤード	183ヤード	183ヤード	182ヤード
打ち出し角 18度	186ヤード	187ヤード	186ヤード	184ヤード

※スマッシュファクターを1.50（ほぼ芯でインパクトしている）としてシミュレーションした結果。飛距離数値はすべて、キャリー

表2 ヘッドスピード40m/秒→ボール初速60m/秒の場合

	スピン量 1600rpm	スピン量 2000rpm	スピン量 2400rpm	スピン量 2800rpm
打ち出し角 8度	204ヤード	207ヤード	209ヤード	211ヤード
打ち出し角 10度	213ヤード	215ヤード	217ヤード	217ヤード
打ち出し角 12度	220ヤード	222ヤード	222ヤード	222ヤード
打ち出し角 14度	225ヤード	226ヤード	226ヤード	225ヤード
打ち出し角 16度	229ヤード	229ヤード	229ヤード	227ヤード
打ち出し角 18度	231ヤード	231ヤード	230ヤード	228ヤード

表3 ヘッドスピード44.5m/秒→ボール初速66.8m/秒の場合

	スピン量 1600rpm	スピン量 2000rpm	スピン量 2400rpm	スピン量 2800rpm
打ち出し角 8度	236ヤード	239ヤード	240ヤード	236ヤード
打ち出し角 10度	244ヤード	246ヤード	247ヤード	247ヤード
打ち出し角 12度	250ヤード	251ヤード	251ヤード	250ヤード
打ち出し角 14度	254ヤード	255ヤード	254ヤード	252ヤード
打ち出し角 16度	256ヤード	257ヤード	256ヤード	254ヤード
打ち出し角 18度	258ヤード	258ヤード	256ヤード	254ヤード

表4　ヘッドスピード49.5m/秒→ボール初速74.3m/秒の場合

	スピン量 1600rpm	スピン量 2000rpm	スピン量 2400rpm	スピン量 2800rpm
打ち出し角　8度	270ヤード	272ヤード	273ヤード	273ヤード
打ち出し角　10度	276ヤード	278ヤード	278ヤード	277ヤード
打ち出し角　12度	281ヤード	282ヤード	281ヤード	280ヤード
打ち出し角　14度	284ヤード	284ヤード	283ヤード	281ヤード
打ち出し角　16度	285ヤード	285ヤード	284ヤード	282ヤード
打ち出し角　18度	286ヤード	285ヤード	284ヤード	281ヤード

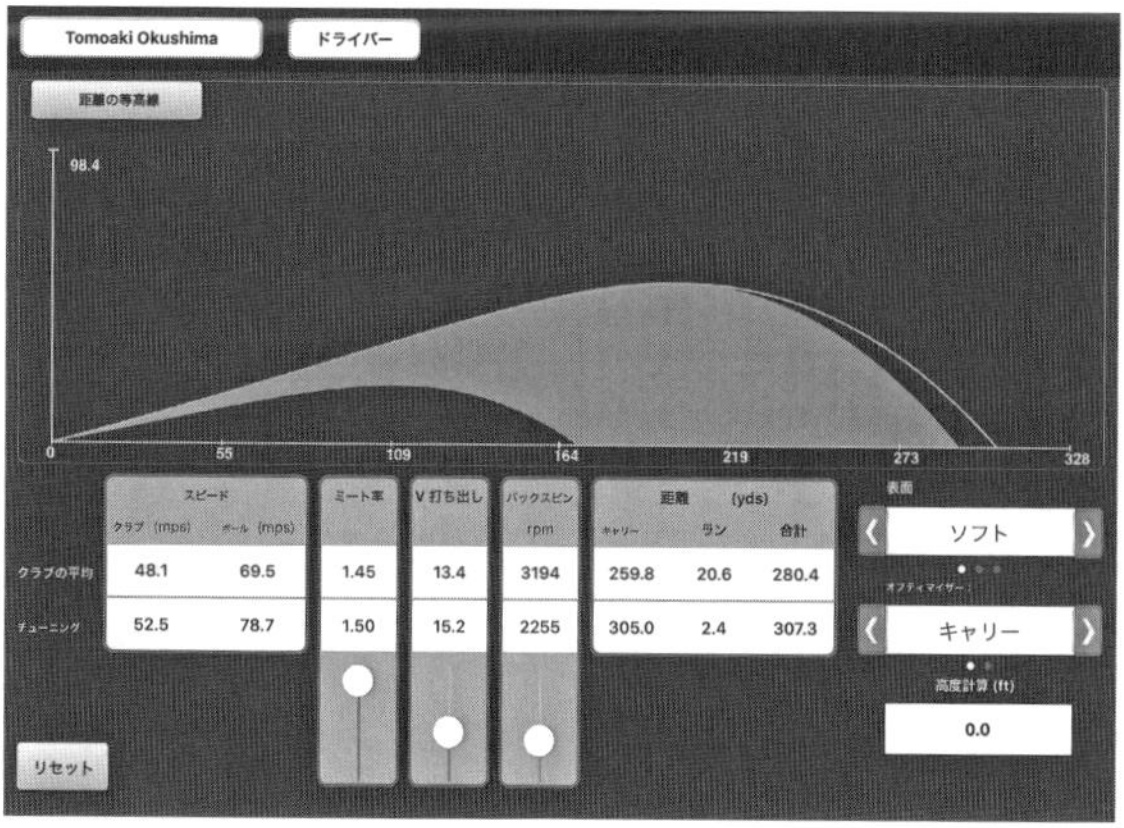

弾道測定器のアプリを使うと打ち出し角、初速、スピン量をそれぞれ変えて飛距離がどう変化するかをシミュレーションできる

トウよりヒールに外したほうがロスが小さい

ハイスピードカメラの画像を見ると、「誰もが驚くだろうな」と思うのはこの件だ。打点が芯から外れると途端に、ヘッドはいわゆる〝当たり負け〟の動きを見せる。「これじゃあ、飛距離は出ないな」と納得せざるを得ない。だから、芯で打てる確率を上げないと、と思う。

「スマッシュファクター」というのは、打球の打ち出し初速をヘッドスピードで割った値だが、芯で打ったときは1・50くらいになる。芯を外せばそのぶんだけ、この数値は落ちる。

落ちるのだけれど、**うまい人、プロでも芯を外して打っている人もいる。**

トウ側に外すことでギア効果を使ってドローを打つタイプ。あるいはヒール側のちょっと硬い打感を好むタイプ。毎回必ず芯で打つことは、プロでもむずかしいことだ。どちらかにズレてしまうなら、**トウ側に外すよりもヒール側に外したときのほうが、初速におい**

ても方向においてもロスが小さい。

上下についても芯を外す傾向はある。芯よりも少し上で打って打ち出しを高くしている人たちはいる。上で打てばギア効果でスピンが減るという理論があるが、これについては最近の計測結果ではよくわかっていない。

トウ側に外したインパクト

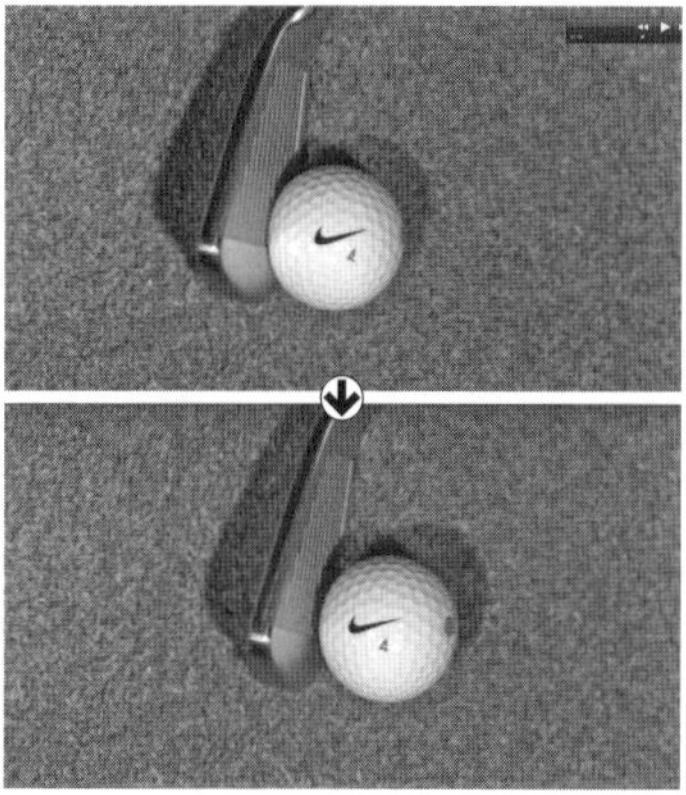

ヒール側に外したインパクト

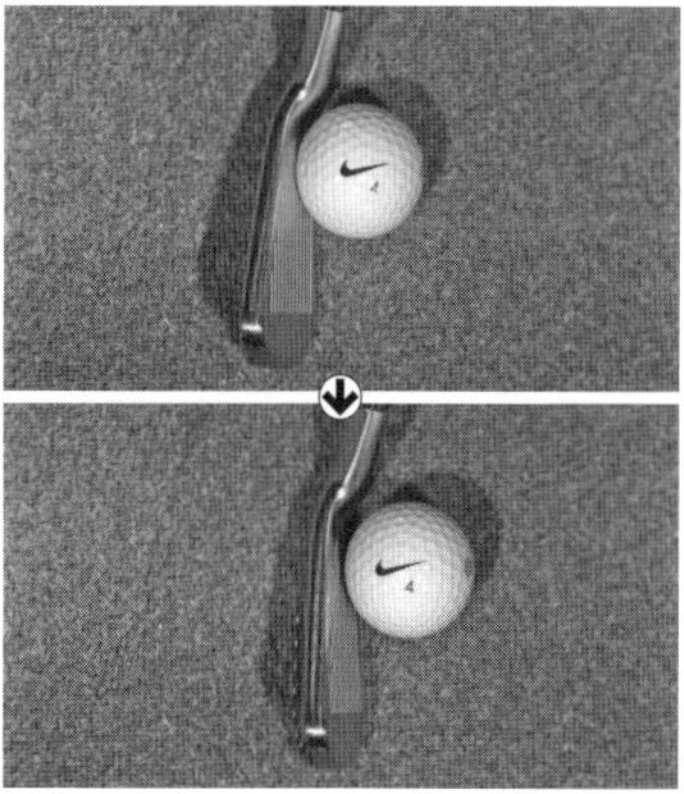

打点が芯からズレると、インパクトの瞬間からボールがフェース面を離れて打ち出されるまでの間にフェースの向きは変わってしまう。そのぶんスピン軸が傾き、方向性が悪くなるのはもちろんだが、スマッシュファクターの値も低下し、ボール初速が落ちてしまう

「ヘッドを上から入れる」のカン違い

ターフは取れるもの。取りにいかなくていい

芯で打たなきゃ当たり負ける、と言っても、地面にあるボールを打つアイアンの場合、芯には当たらない。ボールの芯の高さよりアイアンの芯の高さのほうが高いのだから仕方がない。

アイアンの場合、芯よりも下がボールに当たる。そして、当たり負けてロフト角が立つ方向に回転する。と同時にヘッドがボールの下側に滑り込む動きを、ハイスピードカメラの映像ははっきりととらえている。

ヘッドはインパクトでボールと衝突し、そのボールの重さを受けて、下に落ちる④。それによってボールの下に入り、ターフを取る。同時にロフトは立つ⑥。インパクトの衝撃でボールはつぶれて、フェース面上をせり上がるように動くときに回転が入り、バックスピンがかかる

ゴルフ新常識
24
入射角が浅くても
ターフは
取れる

だから、ターフが取れる。実際、手前から滑らせてインパクトしてもターフは取れるのだ。

アメリカのプロなど、深くて、しかも長いターフを取っている。30センチくらい取る人もいる。深く入れると、そんなに長く取れるはずがない。**30センチも取れるということは、入射角はそれほど極端なダウンブローでもないということだ。**

アメリカツアーのプロの入射角の平均値は7番アイアンで4・3度。6度でやっと時計盤の1分の角度である。そんなに極端なダウンブローでないことがイメージできただろうか。

ヘッドはボールに当たって沈む

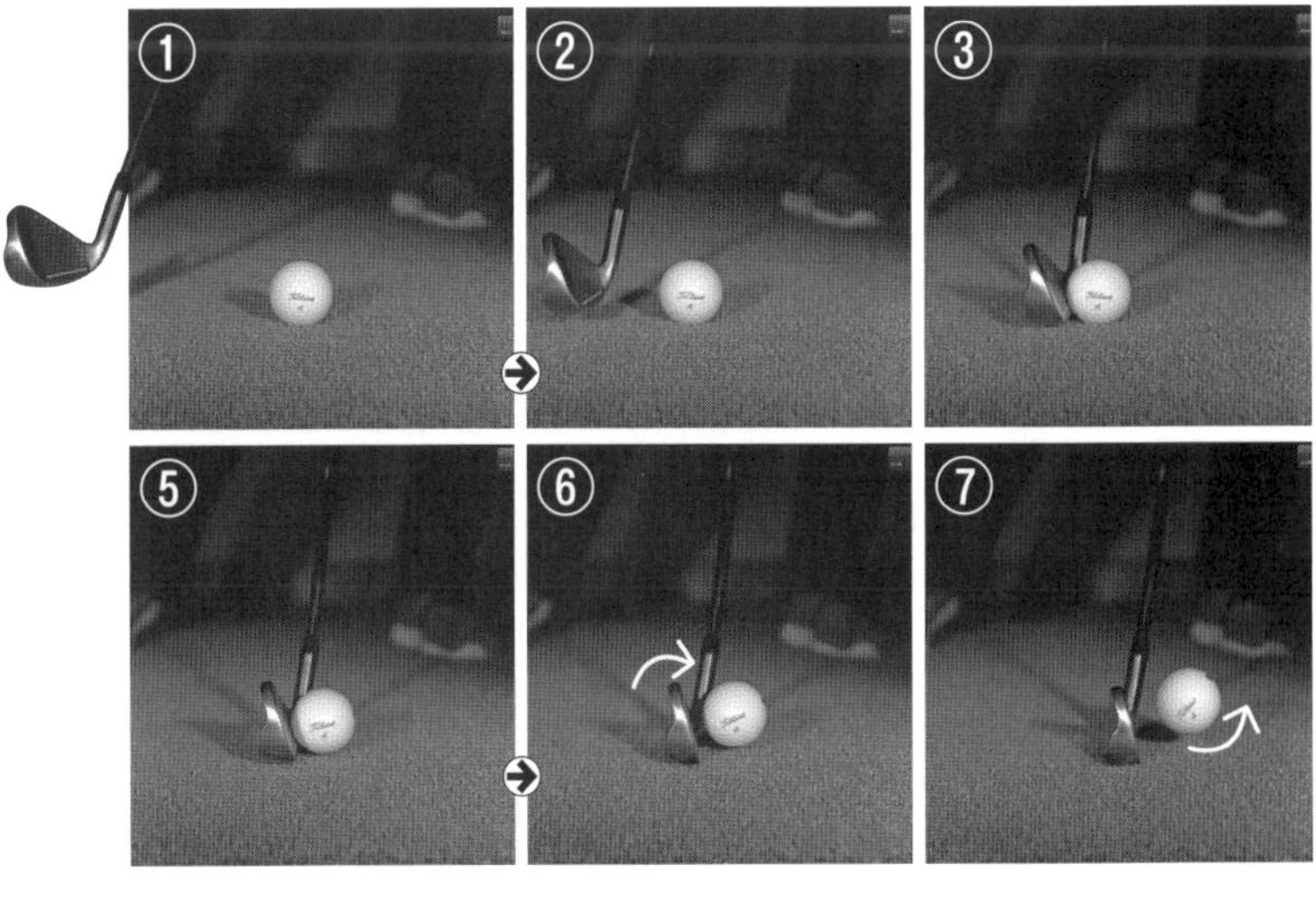

プロは芯より下目で打っている

地面にあるボールを打つのに、アイアンのヘッドの重心はボールの重心より高い位置にある。じゃあもっと重心を低くすればいいと思うかもしれない。

だが、それでは都合が悪いのだ。

プロは、芯より下でボールに当て、フェースが立つ動きのギア効果で、スピンをかけていることが理由のひとつ。

フェースが立つ動きをする間に、ボールはフェース面をせり上がっていく。せり上がる中で、フェースの芯の少し下まで上がってきたときに球離れすると、**もっとも強い球が出る。初速が上がるのだ。**

ロフトが立ち、低い弾道で打ち出せることもある。インパクトでのヘッドの動きの方向とフェース面の向き（ロフト角）が近づくため、エネルギー効率が高まる打ち方だ。

だから、7番アイアンで180ヤード超を打ったりできる（もちろん、ヘッドスピード

ボールはフェースの下っ面で“拾われて”フェースの上をせり上がる。その間にボールにはバックスピンがかかりはじめる。フェースは立ち、打ち出しを低くする

が速いためでもあるが)。

ヘッド重心を低くすれば、フェースの芯でボールの芯を打ちやすくなりそうなものだが、これについては人それぞれで、結果が良くなるとは限らないこともわかっている。

自分の弾道を見て修正するときの注意点

出球の方向でフェース向きを管理する

ゴルフ新常識
25
打球を見て
インパクトの現状を
修正できる

今までの弾道法則に毒された人々は、「スライス＝アウトサイド・イン」と思っているケースがとても多い。

もしかすると、プレーン自体はインサイド・アウトで振っていながら、インパクトでのフェースが開いていることが理由でスライスが出ていたのかもしれない。それなのに、「あ、スライス。アウトサイド・インなんだな。もっとインから下ろさなきゃいけない」と推測し、インから下ろそうと努力する。

だから、どんどんインサイドから入れる軌道になって、ダフりやすくなる。

そうではない。新飛球の法則に則った直し方は次のとおり。

まず、出球がどの方向だったかを確認。

それでわかるのは、インパクトでのフェースの向きだ。それを修正してみよう。

次に確認するのは、どう曲がったのか。それによって、クラブパスとフェース向きの関係がわかってくる。

今までの法則や、思い込みに振り回されていた時代に比べ、新飛球の法則によって格段に自己分析の精度は高められた。もう、ムダな努力をしなくて済む時代になっている。

打ち出し方向がフェース向きの証明。打球の曲がりは、フェース向きとクラブパスがズレていたことを示す。それらを見れば、インパクトがどうだったかがわかる。コースでいきなり出たミスも、原因がわかるから冷静に対処できる。同じミスはもう繰り返さない！

旧来のセオリーではスタイミーの木に当たって当然

木がスタイミーになっていてターゲットまで真っすぐ打てないトラブル（ここではターゲットへのライン上に木があると仮定しよう）での対処として、「木の右に打ち出して、フックさせてターゲットに向かわせる」打球を打ちたいならば、これまでのセオリーに従えば次の方法になる。

【スタンス向きを木の右（＝打ち出し方向）に向け、フェースは目標に向ける。そしてスタンス向きに沿ってスイングする】

そうすれば、振った方向にボールは打ち出されるから、木の右側を通過する。そしてフェースは振った方向に対して閉じているので、ドロー回転がかかり、左に曲がって目標へ向かっていく。

だが、そうならないことも多い。

このように打って、木に当たってしまった、というミスをした人が多いと思う。

最新の科学機器によって明らかにされた新飛球法則に基づいて考えれば、ここで木に当たってしまうのは、理論どおり、ということになる。

旧来のセオリーどおりの打球を打つには、木を避けるための打ち出し方向のずらし方をかなり大きくする必要がある。軌道による打ち出し方向への影響はアイアンで25％しかないからだ。

あるいは、微妙に打点を芯からトウ側に外して打つ。フェースが開いて右に打ち出され、ギア効果によってフックがかかるから、もはや古くなったセオリーどおりの結果になる。

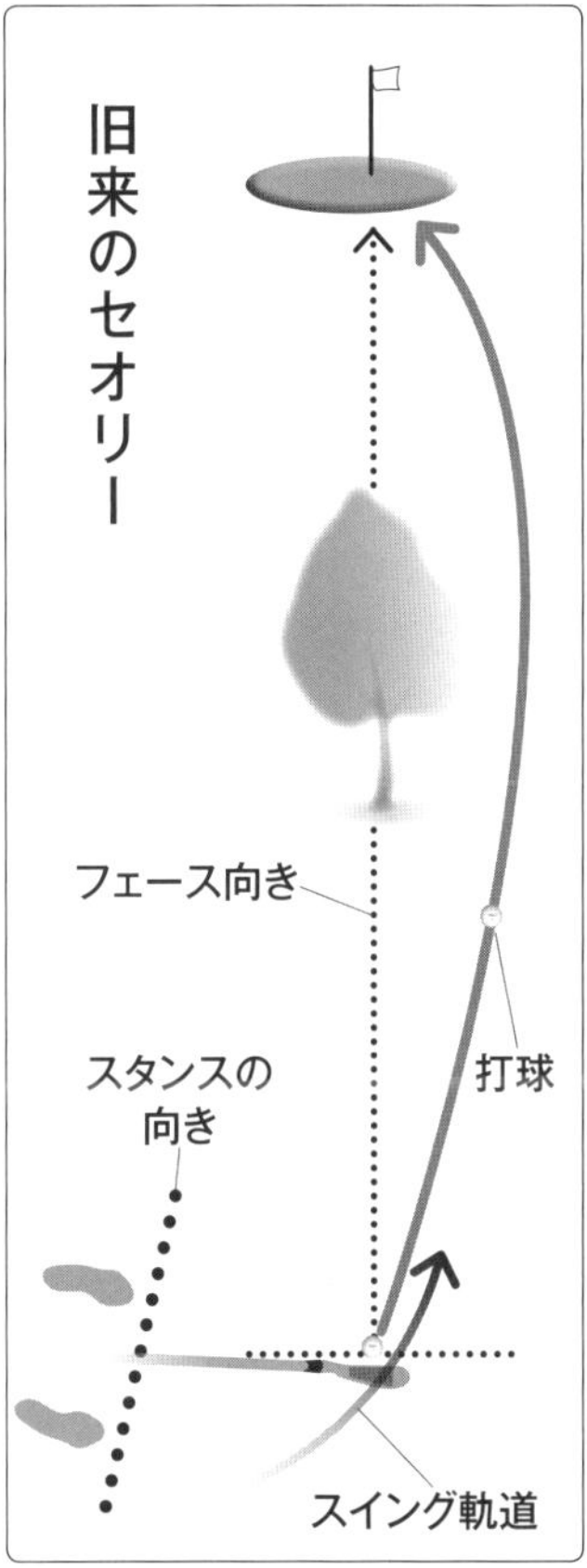

これまではスイング軌道の方向にボールは打ち出されていくと考えていたため、木を避ける方向で構え、そのスタンス向きに沿って振ると指導されていた。これで木を避けてフックを打つには、スイングプレーンの向き（スタンスの向き）をよほど大きく目標から外す必要がある

構える向きは変えずボールを右に置けばフックが打てる

ゴルフ新常識
26
ボールの位置で打球の曲がり方を変える

では、スタイミーになっている木を避けて、その右側に打ち出してフックさせてターゲットに向かう弾道を打ちたいときには、どうすればいいのか。

新飛球法則に則った対処法としては、次のようになる。

ターゲットに対してスクエアに立つ。そのスタンスラインに対して、インサイド・インのスイングプレーンで振る場合、ボールを右に置く。

それだけだ。あとは、いつもと同じ位置にボールがあると仮定して、いつもどおりに振る。ボールの位置が右なので、ダウンブローの度合いが強くなり、クラブパスはインサイド・アウトになる。

フェースが右を向いているとプッシュアウトになるので、クラブパスより左に向ける。ターゲットに向けておけばいいだろう。ボール位置は、飛球線上に真っすぐ右にズラすのではなく、ヘッドの軌道に合わせて円弧を描くようにインサイドにズラしていくと、感じがより出てくる。ボール半個分ズラせば結果は変わる。曲がり具合は人それぞれなので、結果から自分の感覚を身につけてほしい。

そうすれば、フェース向きに応じてボールが打ち出され、打球は低いフックになる。フェースを返そうとする必要はないので、その点を理解してほしい。

また、芯を外せばフェース向きが変わり、打ち出し方向もスピンも変わってしまうことも念頭に置いておく必要がある。

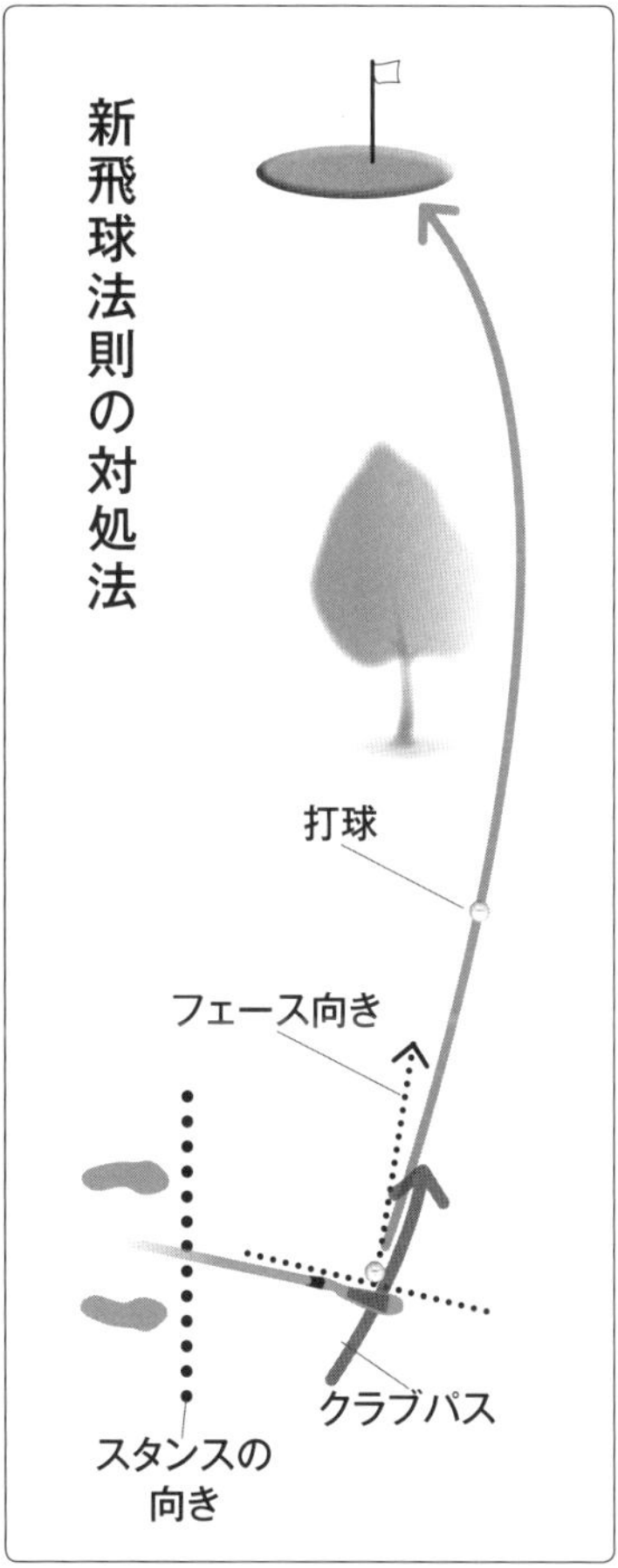

ボールをヘッドの軌道上で右にズラしていくと、クラブパスは右を向き、フェースの向きは開く、つまり右を向く。クラブパスの向きよりもフェースを“閉じた向き”にしておけばフック回転がかかる

ツアープロとは違うドラコン選手たちの飛ばし方

ゴルフ新常識
27
低く打ち出す"プロ球"はもう古い

ヘッドスピードごとに、最適な打ち出し角度とスピン量の関係があるということは説明した。

弾道測定器が提供するアプリのシミュレーション機能を使えば、打ち出し角とスピン量の入力値をそれぞれ変えると飛距離がどう変わるかがわかる。それを用いて113〜115ページの表を作成した。

そこで明らかになったのは、今までの常識的な打ち出し角よりも、高い打ち出し角と低スピン量を実現できれば、飛距離はもっと伸びるということだ。棒球と呼ばれた、打ち出しからとんでもなく高く、そして真っすぐ突き進む打球だ。

今までのゴルフスイング、そして今までのゴルフクラブでは、表に示された最大限の飛距離を出すための打ち出し角は、いわば想定範囲の外にあった。

だが、最新機器のシミュレーションをもって明らかにされてしまった〝理想の打ち出し角〟の実現を求めて、スイング理論のほうが後追いで変わってくる可能性が今後はあると思う。

ツアープロたちの中にも、ジャンプするような脚の使い方をして、クラブの入り方をアッパーにする打法をとり入れる選手も出てきている。

また、そうした新しい常識を躊躇《ちゅうちょ》なく取り入れているのが、ドラコン選手たちだ。彼らはティアップを高くし、アッパーブローで高い打ち出し角と低スピンを実現している。

一発ぶっ飛ばせば記録を残せる彼らのスイング理論は、ツアーで使えるスイングとは違うものになる可能性はあるが、参考にできる部分もあると思う。決してフィジカルに秀でた者だけにできることばかりではないと思うからだ。

最新の測定機器がシミュレートして弾き出した、最大飛距離を生むためのスピン量と打ち出し角を目指して、スイング理論が進化していく可能性に期待したい。

スピン量、rpmという単位について

ボールのスピン量は実は少ない

適正と言われているスピン量はアイアンで「番手×1000rpm」。つまり7番アイアンなら7000rpm位が理想と言われている。

「rpm」という単位は何の略か。「rotation per minutes」の略で、毎分ボールが何回転するかを表す。

毎分、であることがカギだ。

ドライバーで1800rpmということであれば、毎秒に換算すると30回転だ。ドライバーの打球は空中を5~7秒飛んでいるので中間をとって6秒とすれば、30回転×6秒=180回転。2400rpmならば毎秒40回転×6秒=240回転。3000rpmで毎秒50回転×6秒=300回転。3600rpmで毎秒60回転×6秒=360回転。

この数字を見ていただければ、ボールが飛んでいる間に実際ボールが回転している回数って意外に少ないと思うのではないだろうか。

ちなみに、ウエッジでは約１００００ｒｐｍなので、毎秒１６６回転。

これを多いと見るか少ないと見るかは意見が分かれるかもしれない。だが、もうひとつ情報を提供しよう。ハイスピードカメラの画像だ。これを見れば、**インパクトによってボールにものすごい回転がつけられているというイメージはまったく消える。**

ウエッジで止まるアプローチを打ちたくて、思い切りフェースでボールをコスってスピンをかけようとしたことはないだろうか？　そんなにがんばる必要はないのだ。

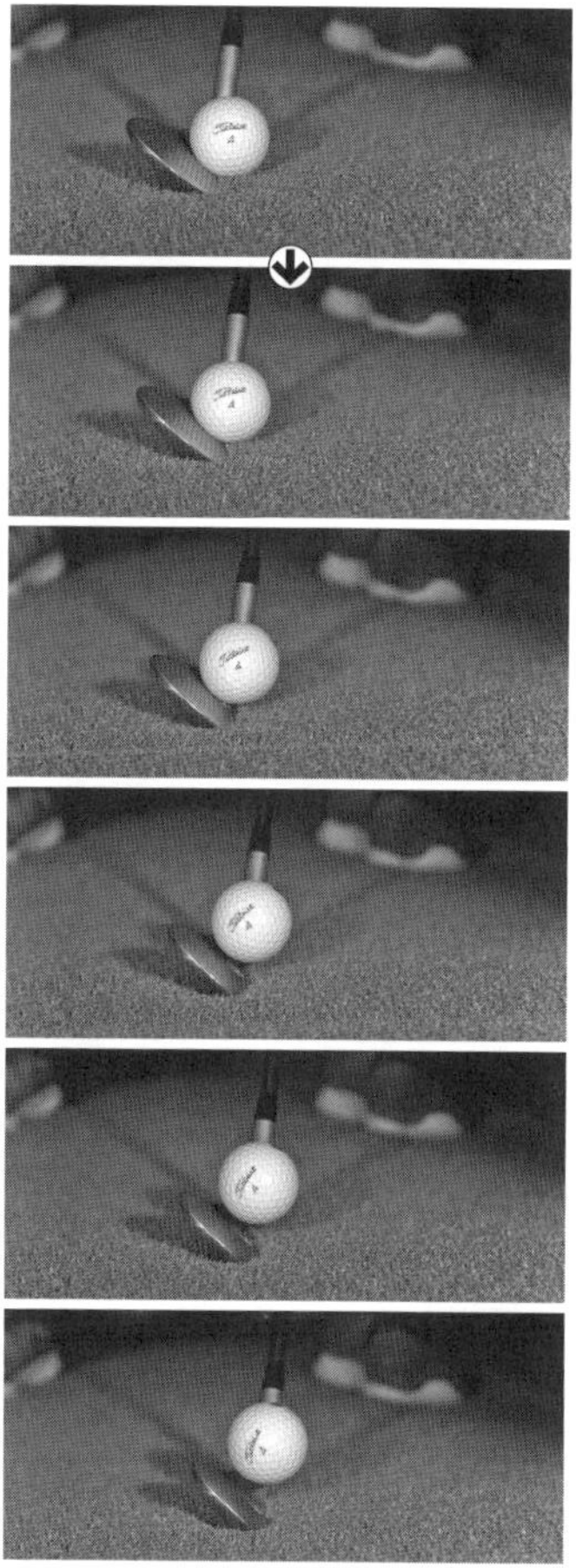

インパクトの瞬間、ギア効果とフェースの摩擦によって、フェース面をボールがせり上がり、バックスピンがかかる。その回転のスピードは、写真のとおり。これでもまだ、フェースでボールを強くコスって回転をかけようとするだろうか

測定器を活用する際の注意点 データは正確に測定してこそ役立つ

弾道測定器は、正しく設置されていないとデータも正確には出ない。

ただ置けば良いなんてものではないのだ。ボールからの距離や位置が定められている。

正確に設置してはじめて、正しいデータが取れて、的確な分析ができ、修正課題の発見につながる。プロのデータなどとの比較も、データの取り方が同じであってはじめて意味が出てくる。

また、測定器具によって計測ポイントが違うため、注意が必要なこともある。

ある装置は、インパクトの瞬間とその直後のヘッドの位置データをとって、入射角としている。インパクトの瞬間にヘッドはボールの重さを受け止めて、わずかに低い位置に落とされるため、ドライバーなのにダウンブローの数値が出たりもする！

弾道測定器でもインパクト直前とインパクトの瞬間のヘッドの位置をとらえて、入射角として弾き出すタイプもある。両装置によるデータ間では比較ができないのだ。

こうしたことに注意が必要だが、そうした手間を差し引いても、このような最新機器で集められる自分のスイングについての情報は、上達や技術レベルの維持に大いに役立つものがあることは間違いない。

第4章

シャフトマックスや足圧計で明らかになったこと

ザ・リアル・スイング
THE REAL SWING

ゴルフ新常識
28
シャフトにかける負荷が数値化されている

シャフトにかかる負荷の測定器

「しなりが飛ばす」の実態が明らかにされた

さて、世界で開発されているゴルフ関連の新兵器。その4番目はシャフトの測定器だ。「シャフトマックス」という。

スイング中にシャフトをどのように使っているかを明らかにする。

〝使っている〟というのは、どう負荷をかけ、それをどう解放しているか。いつどのタイミングでどの方向にどのくらいの長さと強さで、ということだ。

それによってシャフトはどの方向にどのくらいしなり、そしてそれがどのように加速につながっているかという情報を集めてくれる。

シャフトに負荷をかければ、シャフトはしなる。そのしなりが、スイングのエネルギーを大きくしてくれる。そうしたはたらきについてはこれまでよくわからなかったのだが、とうとうそれを明らかにする装置が開発され、現在、日本導入の時を待っている。

話によれば、日本のあるメーカーも「シャフトオプティマイザー3D」としてスイングテンポやしなり係数など、9つの要素を瞬時に計れる装置を商品化しているようだ。

それらの器具を使い、これまでブラックボックスだったシャフトの相性というものが明らかにされていくことに期待したい。

下の図はシャフトマックスによる2人のプロのデータ。グラフの右端で線が錯綜している箇所がインパクトを示している。

シャフトへの負荷が大きければ飛ぶ

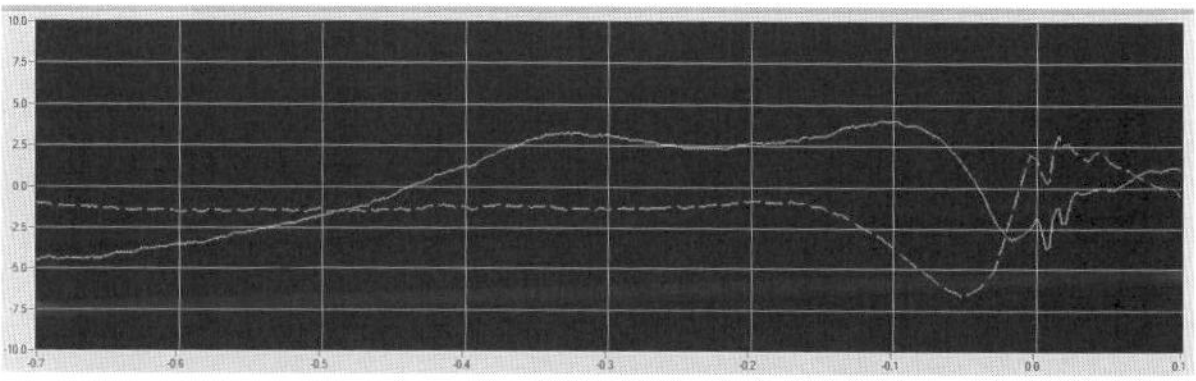

横軸は時間。縦軸はシャフトにかける負荷の大きさ。負荷が大きければふくらむ。実線はシャフト左右方向にかけている負荷の大きさ、点線はシャフトの上下方向にかけている負荷の大きさを示す

シャフトへの負荷が小さいスイングは飛ばない

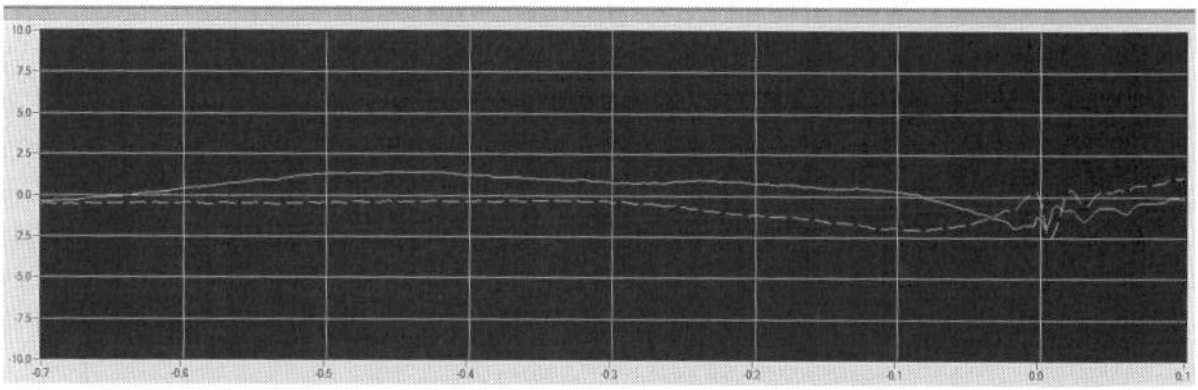

シャフトにかける負荷が大きいほど、飛距離を出せるスイングになる。ふたつともプロのデータだが、プロレベルの技術をもっているからといって、負荷を大きくかけているわけではないことも示している

どうしならすかは一人ひとりの生来の特徴

ゴルフ新常識
29
シャフトにかける負荷のパターンはDNA

シャフトを使うということについて。つまり、どのようにシャフトに負荷をかけているか、という特性は人によって全然違う。

どこで（タイミング）・どれだけ（強さと長さ）・どの方向に負荷をかけ、どのようにリリースするか。どのタイミングでシャフトのどの方向を使うか、ということについては、人それぞれパターンがある。

どういうパターンが良くて、どういうパターンはダメ、という法則はない。

だが、**飛ばない人ほど、シャフトに負荷をかけられないので、データのグラフにおいて線の起伏が小さくなる**ことは間違いない。

そしてひとつ、おもしいことが見つかった。

左のデータは、あるプロの3年前と現在のデータだ。スイングはこの3年でかなり変わった。外見上はまったく違うものになったのだ。だが、3年前のデータと現在のデータの

3年前のデータ

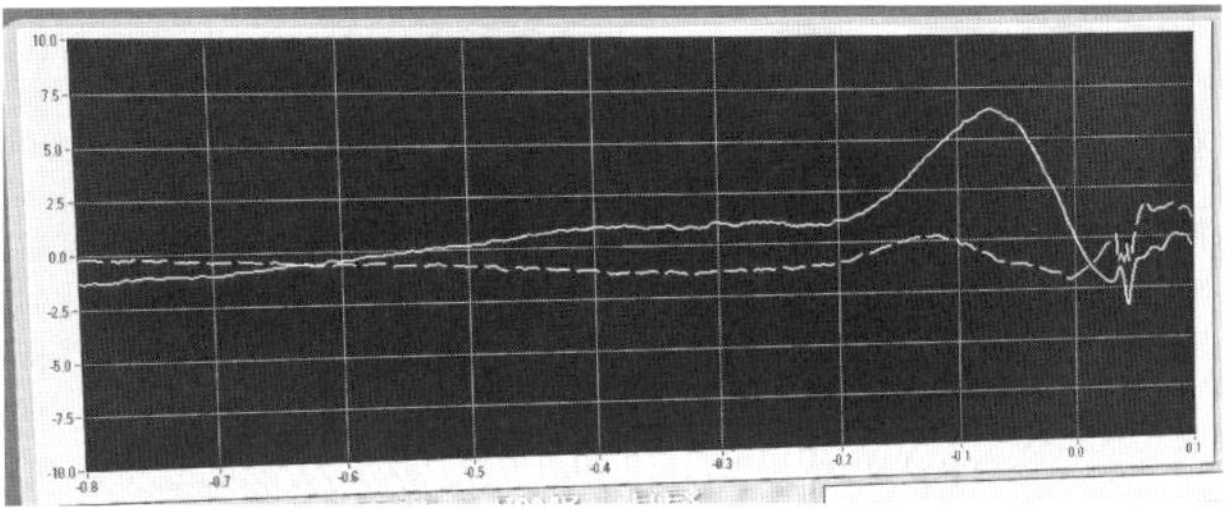

現在のデータ

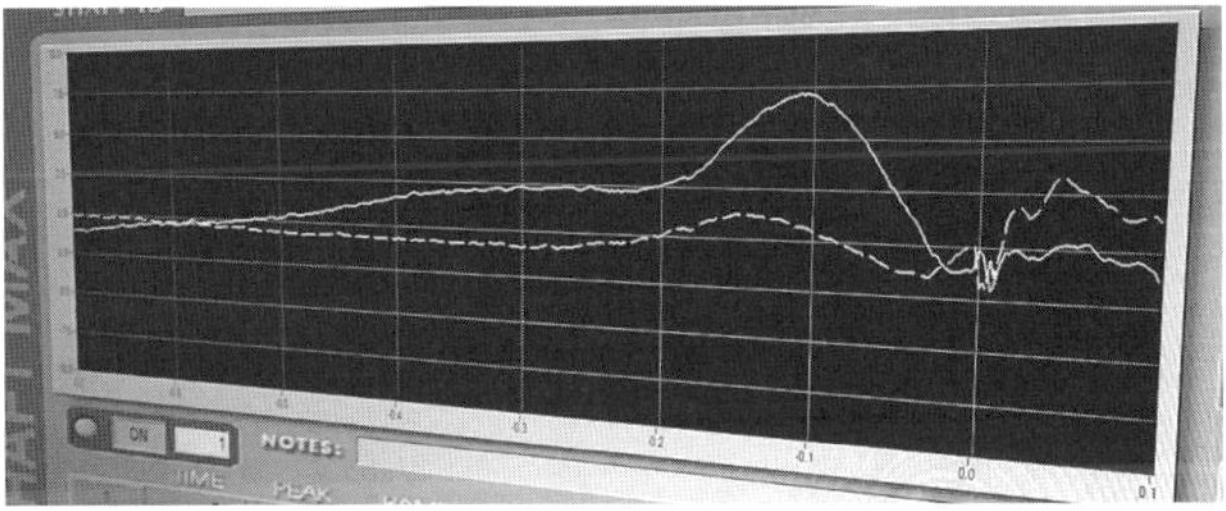

上が3年前で、下が現在。切り返しからじわじわゆっくりと負荷を高めていき、インパクトゾーンの手前で負荷がマックスとなり、そこから自分では負荷をかけずに、つまりしなり戻りを利用してインパクトゾーンを通過させるパターン。3年の間に外見上スイングの動きが変わったのに、シャフトの負荷パターンに大きな変化は見られない

グラフを見ると、シャフトにかける負荷のパターンはほぼ同じなのだ。

　シャフトにかける負荷のパターンというものは、よほどの大きなスイングチェンジがない限り、変わらないのである。DNAと同じで、その人が生まれ持ったものであり、太ったりやせたり歳をとったりしても一生変わらないもののようだ。

シャフトのしなりと暴れは紙一重

初心者には硬く短いシャフトがおすすめ

ゴルフ新常識
30
硬いシャフトが合うのは
初心者と
曲げたくない人

シャフトのしなりが飛ばしのエネルギーになる理由は、ヘッドの動きがそのぶん大きくなるからだ。いわゆる〝運動量が増える〟というやつだ。

〝ヘッドが動く〟ということは、紙一重で〝暴れる〟になってしまう。

シャフトに負荷をかけると、その反応が自分に返ってくる。それがフィードバックとなり、それを受け取ることでタイミングをはかってスイングができる。

しかし、**まだ初心者のうちは、シャフトからのフィードバックを受けて意図せぬ動きを起こしてしまう。**

それよりも**初心者の場合は、短く、シャフトがまったく動かないくらい硬めのフレックスを使うといい。**暴れないのでミート率が上がる。余計な動きをシャフトがしなくなるのだから思いどおりに当たる。

ボールにしっかり当たれば、振れるようになってくる。振れるようになってくれば、自然になりも生まれてくる。そして、スイング上達の次のステップに進めるだろう。

「上級者は硬いシャフト」というイメージがあるかもしれないが、上級者の場合は「飛距離はいらないから、とにかく曲げたくない」という人限定だ。

切り返しでシャフトがしなってヘッドの運動量が増える。だが、それによってボールに当たらなくなるようなら、硬いシャフトを使って、まず「振れば当たる」という感覚をつかむことが上達への早道

「シャフトを使おう」としないほうがいい

シャフトはしならせなくてもしなる

ゴルフ新常識
31
シャフトの使い方=「意識してしならせる」ではない

シャフトの先にはヘッドがついている。

ヘッドは重い。

だから、アドレスしたときから、実はシャフトはわずかだがしなっている。これはGEARSの計測によれば、ほんの1ミリ程度だが、確かにしなっている。ただ、支えるのに十分な硬さがあるため、感じないだけだ。

超軟らかいシャフトのクラブで構えてみるとわかる。持っただけでシャフトはしなっていて、クラブを動かせばさらにたわむ。

当然、スイングすれば大きくしなる。

問題は、実際にはトルクもあって、シャフトにはねじれも生じること。

シャフトをより一層しならせようとして、手先でシャフトに負荷を加えると、しなりとねじれでヘッドの動きもフェースの向きも管理しきれなくなる。いわゆる〝暴れ〟だ。

まともに当たらなくなっても致し方ない。

それでも、当たれば飛ぶのは事実。シャフトに大きな負荷をかけて、ヘッドの運動量を増やしたのだから、エネルギーは大きくなる。

ドラコン選手を目指しているのであれば、それでもいいと思う。

だが、ボールをフェアウェイに残す確率を高めたいのなら、こうした暴れは抑える必要がある。

それには、**意識的にしならそうとしないで振る**ことが答えとなる。

アドレスでもシャフトは自分で勝手にしなっていた。**スイング中も同じように、勝手にしならせておけばいい。そういう感覚で振れば、スイングに応じて反応し、暴れずに素直に動いてエネルギーを出力してくれる。**

シャフトは手先でしならせるものではない。しならせなくてもしなるものなのだ。

この感覚こそが、飛ばしのコツ。シャフトに負荷をかけることと、暴れさせてしまうことの中間に、負荷をかけてシャフトを動かし、思いどおりにインパクトにエネルギーを加えるテクニックが見つかる。

切り返しで自然にしなりを感じられるのがベスト

切り返しでは、シャフトのしなりを感じて、タイミングをとっているものだ。言うまでもなく、軟らかいシャフトは大きくしなり、硬いシャフトはしなりづらい。自分にとってちょうどいいフレックスより硬いものを使うと、自分が期待しているようなしなりの感じをフィードバックしてくれない。

だから自分で「しならそう」としてしまう。切り返しで大きな負荷をかけようとして手に力を入れるのだ。それでスイングがめちゃくちゃになってしまう。

硬いシャフトを選んでスイングが安定しなくなっている人は、非常に多い。

自分が「ちょうどいい」と感じる硬さより、少しだけ軟らかいもの、少し頼りないかなと感じるくらいのフレックスがいい、というのがこれまで指導してきた中で出てきた結論だ。そうすると、しならそうとしなくてもしなってくれる。それで十分、飛距離アップのエネルギーづくりの目的は果たせている。前項で説明したシャフトがしなるエネルギーを活用する秘訣にたどり着けるのだ。

少し頼りないと感じるフレックスのシャフトを選ぶと、しならそうとしなくてもしなるので、手に力を入れずに切り返すことができる。それこそがシャフトの力を活用するためのカギ

足圧計が明らかにしたこと

重心移動のパターンは千差万別NGパターンはない

ゴルフ新常識
32
重心移動はあくまでも結果と考えるべきもの

本書で最後に紹介する最新分析器具は、重心移動をデータ化する装置だ。足圧計と呼ばれるものである。

スイング中に左右の足のどの部分でどのくらい圧力をかけて踏んでいるか、ということを記録してくれる。

重心がどのように動いたかを波形で表してくれる。全体の重心だけでなく、片足ずつどこにどの程度荷重されていたかなどもわかる。

重心の移動は右足土踏まずから、左足土踏まずの間で。それ以上動くとスエーになるとか。飛球線と平行に移動すべし。平行だからインサイド・インで振れるとか……、いろいろ説はある。

それらは、理想かもしれない。だが、あくまで理想であって、それを目指して動きを変えなければいけないとは言えない。

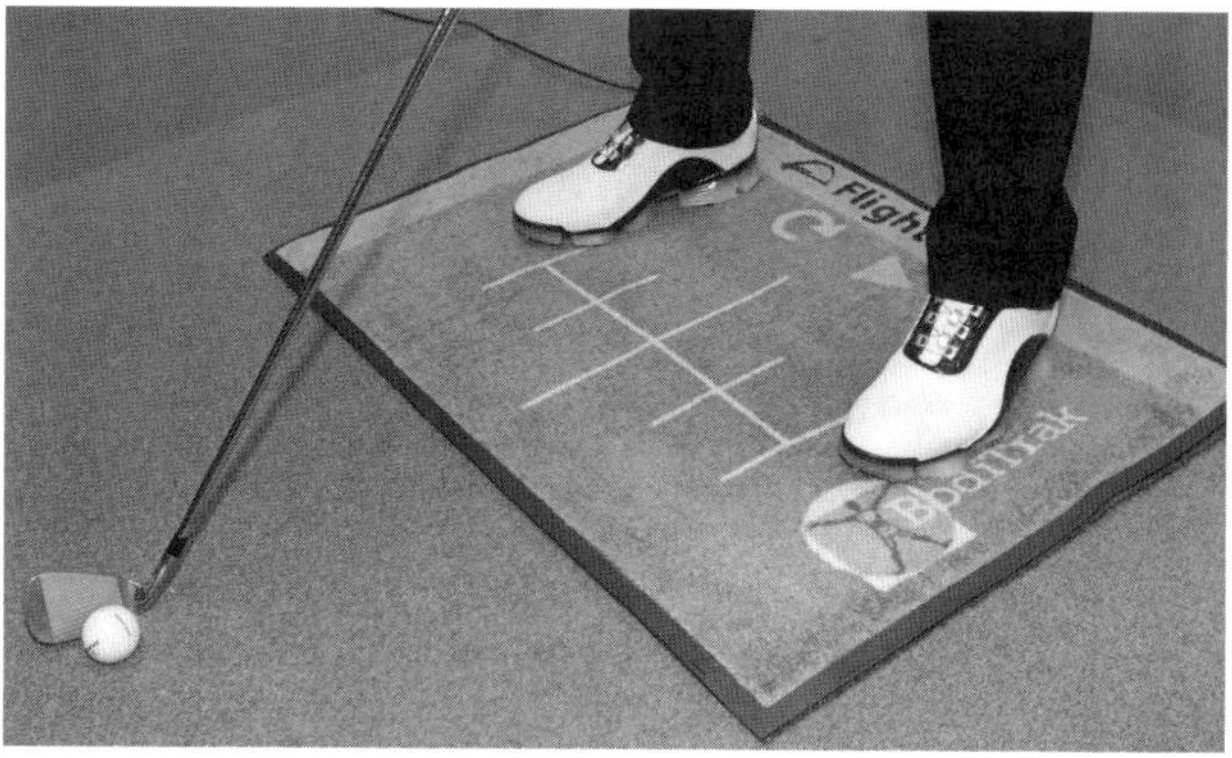

足圧計はマットのような装置で。荷重を感知するセンサーによって、重心の移動データなどを採取し、表示してくれる

あくまでも目安だ。

ダメと言われている波形でも、うまい人は必ずいる。

うまく打てる正解は、重心移動パターンもスイング理論と同じで、たくさんあるのだから。

自分でうまく打てているときの波形を記録しておくことが、この測定器具の活用方法だと思う。

シャフトはそれほどしなっていない 写真のトリックに惑わされるな！

シャフトは大きくしなるもの、というイメージがあるかもしれない。スイング中にシャフトが大きくたわんでいるプロの写真を雑誌などで見たことがあるのでは?

だが、それは動いているものを静止画にするときに起きるトリックのようなものらしい。詳しくは説明しないが、その証明は、GEARSのデータがしてくれる。

GEARSのデータは、タイムラグなしに記録している。だから、グリップエンドとヘッドのその瞬間ごとの位置が正確に記録される。

そのデータを見ると、プロがヘッドスピード55m/秒で振っていようと、彼らが使っているクラブを使っている限り、ほんの数センチ程度ヘッドが遅れたりするだけだとわかる。

シャフトは大きくしならせるものという認識は、改めるほうが毎回スムーズな切り返しを実現するカギになると思う。

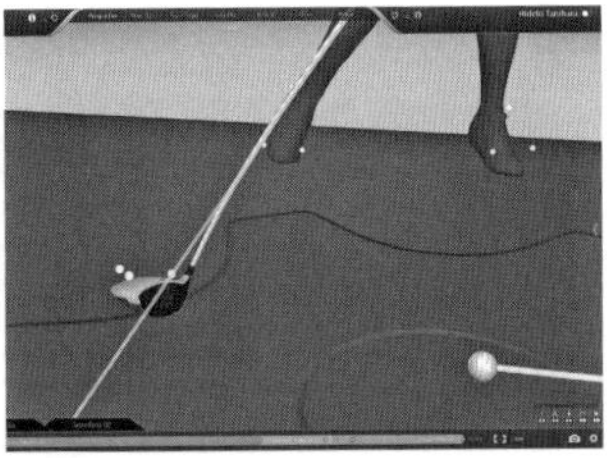

切り返し直後もインパクト直前も、ヘッドはそれほど大きく動いているわけではない

第5章

最新のゴルフ理論を上達につなげるために

ザ・リアル・スイング
THE REAL SWING

パスとフェースがずっとターゲットに向く

プレーンが縦になるほど打球が曲がりづらくなる

新飛球法則は、フラフープを使って説明することが多い。

フラフープはスイングプレーンを表すのだが、この傾きを90度にすれば、プレーンもパスもそろって目標を向く。ずっと目標を向いている。

どのポイントでボールを打とうが、パスはスクエア。つまり最下点手前のダウンブローのときでも、最下点のあとのアッパーブローになったときでも、だ。だから、フェース向きさえターゲットへ向けていれば計算上曲がらない、ということになる。

しかし、こんなことは不可能。ある程度プレーンは寝かさなくては振れない。

とはいえ、**できるだけ角度が立っているほうが、パスの向きとフェースの向きの変化がゆるやかになり、ボールが曲がる度合いを減らせる。**

同じ長さのクラブを使えば、背の低い人のプレーンはフラットになるし、背が高い人はアップライトになる、ということはご理解いただけると思う。

クラブが長くなればなるほどプレーンがフラットになるとはいえ、背が高い人が長いクラブを持っても、背の低い人の場合よりは角度がつく。そのぶん、パスの向きの変化はゆるやかになる。だから背の高い人は有利なのだ。

フラットなプレーンではパスの向きの変化が大きい

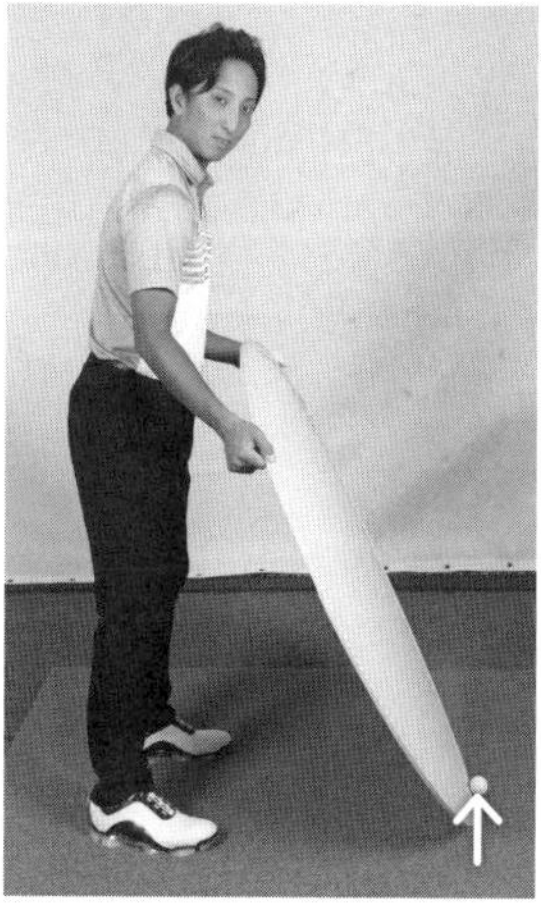

プレーンがアップライトならばポイントが最下点からズレても、クラブパスの方向の変化はごくゆるやかになる

プレーンがフラットだと、インパクトポイントのズレに応じて、クラブパスの方向のズレの度合いが大きくなる

動かない部分は基本的にない

力を生み出す要素を使いスイングすればいい

ゴルフ新常識
33
軸（＝動かない部分）はない

スイングを通じて、動かない場所などあるのだろうか。

ここまで6DoFの動きをすべて取り入れていい、と説明してきた。複雑になりすぎるので、単純化した部分もあるが、実際、側屈の動きを取り入れると、【軸＝動かない部分がある】という感覚はなくなっていると思う。

だいたいプロのスイング写真を見ても、インパクト直前を後方から見た形など、背中がぐにゃっと丸まっていて、軸などがあるとは到底思えない。

野球のバットスイングやピッチングにおいても、軸など意識しないでボールを打っているはず。それでもコントロール良く投げることもできている。

自由にカラダを動かし、力を生み出せる要素を使い切ってスイングをつくればいいのである。

ただ、**カラダとボールとの間隔をコントロールする感覚はあっていいと思う。**それは、目なのか、額なのか。首元やみぞおち、ヘソなども、その役割を果たすだろう。首の後ろ側という人もいる。

　どこかを選び、ボールとの距離を変えない意識をもって打ってみる。決して「そこが止まっている」という意識ではなく、ボールとの距離が変わらないことをイメージするだけで、案外人間のセンサーはうまくはたらき、ボールとの距離を調節できるようになるものだ。自分でイメージしやすい部位を探してもらいたい。

ダウンスイングを後方から見ると、背中が丸まって見えるプロが多い。筋肉の盛り上がりでそう見えているだけという問題ではなく、体幹を含め全身を動かせるだけ動かしてエネルギーをつくり出そうとした結果というのが実態だ

すごく短いクラブを振ればわかる

側屈を入れないと話にならないことを理解する方法

軸がないとか、カラダを横に倒すとか、そんなむちゃくちゃな動きにしたら、ボールに当たるかどうかさえ不安になってしまう……かもしれない。

そこで、試していただきたいことがある。

子供用のクラブや素振り用のクラブを持って、地面のボールを打つ。ボールを打てる環境になければ、ソールを地面に擦るような素振りでもいい。

ものすごい前傾角度の構えになるはずだ。そして、プレーンは究極のアップライト。ヘッドの軌道はまるで飛球線とずっと一致するイメージになる。直線なのだ。これなら真っすぐ打ち出せると感じると思う。

この構えから、手だけで振るのではなく、体幹を使ってクラブを振る。

側屈させないと振れないことがわかるはずだ。軸など意識してもスイングにならない。

より具体的に言えば、**体幹を屈曲させながらお腹を引っ込めないと、手を下ろす空間が**

なくなるし、ボールとカラダの距離がキープできない。実はそれこそが、スイングに必要不可欠な動きなのだ。これができてはじめて16ページのあの形ができる。

短いクラブで上体を深く前傾して、スイングしてみよう。側屈しながら、お腹を引っ込めないとクラブを振れないことがわかる。お腹の部分が柔軟に動くことで、体幹の上部がボールとの距離をキープしたままスムーズに回転でき、ボールにヘッドが届く

3Wが苦手な理由がここにある

お腹を引っ込めて手を振る空間をつくる意識は必須

ゴルフ新常識
34
遠心力に対抗するのは腹筋

短いクラブは前傾が深くなるため、超短尺クラブでのスイングに近い感覚で振れていたと思う。だから、うまく打てていた。

でも3番ウッド、苦手ではないだろうか。

長いクラブは、前傾が浅くなる。プレーンがフラットになり、クラブの遠心力の影響で、上下や前後のバランスが乱される。しかも、右足のけりを間違って使えばさらに右腰が前に押し出されて、前傾は崩れるし、軌道はアウトサイドからでしか振れなくなる。

ドライバーならばティアップされているから、多少前傾が崩れてもなんとか当てることはできる。でも、地面のボールは少しでも前傾が浮けば、トップしてしまう。トップがイヤだからと、ヘッドを下ろそうとすれば手を使ってダフリになる……。

これを防ぐのは、超短尺クラブで感じた、**お腹を柔軟に動かす感覚なのだ。特に凹ませること。それがヘッドにはたらく遠心力にも対抗して、カラダの悪い動きを防ぎ止め、ク**

ラブの動きを安定させてくれる。

手でクラブを振っている限り、この動きは必要ない。だが、手の動きを減らしておくには、それだけ腹筋ががんばらなくてはならない。

今まであまり意識されなかった部分だが、**実はスイングの動きの中でもっとも大切な部分は腹筋ではないか。**最近、日本でも若手プロを中心に「ワキ腹リード」などお腹の動きを説明するケースが散見されるが、そうしたことに気づいた人が増えてきたということだと思う。

前傾が浅くなると、お腹の部分をうまく使えなくなる人が多い。前傾が浅くなっても、超短尺クラブを振るときと同じようにお腹を動かすことが大切。その意識をもつとスイングは変わってくるはずだ

重心の動きよりも骨盤の中心の動き！

上半身と下半身のジョイント部の動きの実像を知る

足圧計の項目で、重心移動のデータを見ても、それをスイングの上達につなげることはできないと述べた。それと似ているのだが、GEARSが測定できるデータのひとつに骨盤の中心点の移動データがある。やはりこれにも、直接そこから「こういうパターンはこういう矯正をすべきだ」というマニュアルはない。

だが、個人的にはこのデータに特に注目している。

このパターンを自覚することで、動きを劇的に変えることができるからだ。

要は、骨盤の中心というのはカラダの中心だからだと思う。上半身と下半身のつなぎ目、つまりは「かなめ」である。

しかも前項で説明した〝スイングで本当に大切な動きをつくる部分＝腹筋〟に、骨盤の中心はごく近い。それがポイントになっていると考えられる。

にも関わらず、ここがどう動いているかということに意識がなかった。ゴルフの場合、上半身と下半身は屈曲してつながっていて、その部分で回転する、という複雑なことになるから、動きがどうなっているのか自分で把握し切れていなかったのだ。イメージがなければ動きはつくれないし、矯正しようとすることもむずかしい。

ここに意識をおくだけで、**上と下のつなぎ目の動きについての感覚を養っていける。それが飛躍的に「自分で自分のスイングを知る」ことにつながり、上達に役立つ。骨盤の中心の動きを変えれば、全体が変わる、と覚えてほしい。**

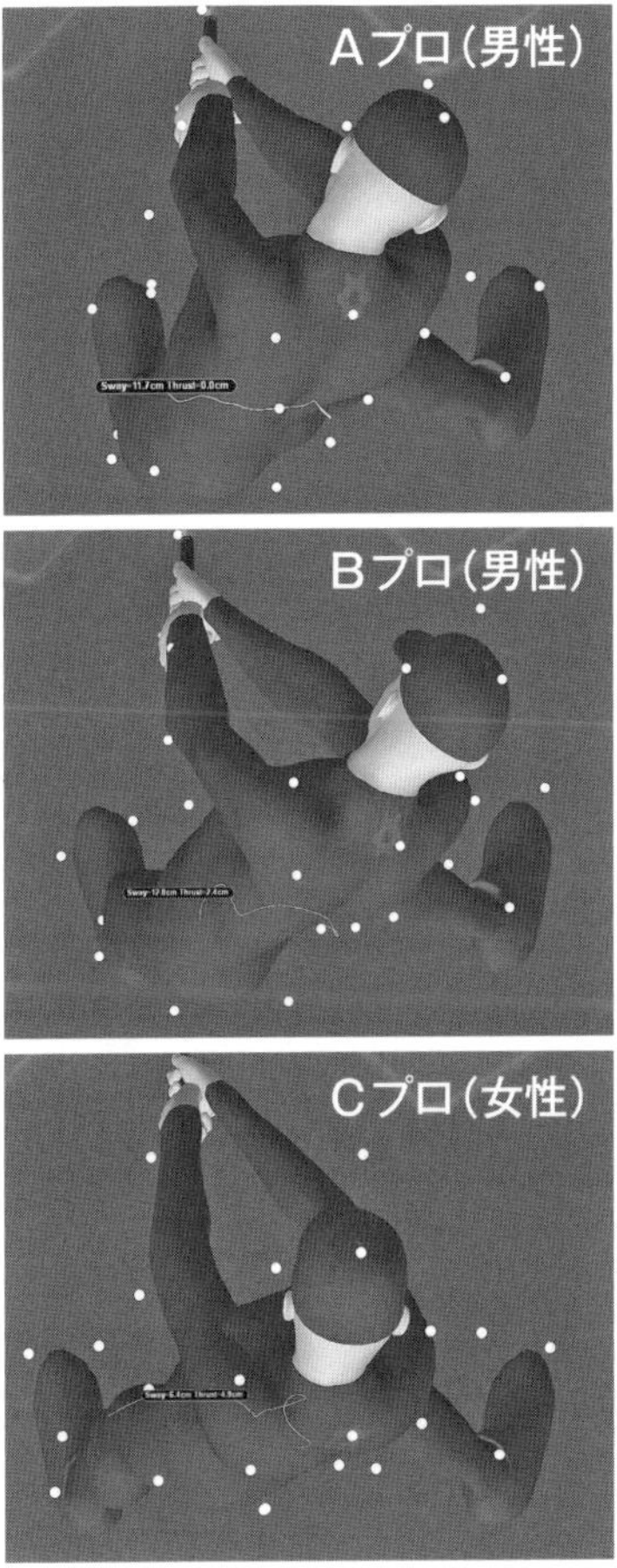

骨盤付近の不規則なラインが、骨盤の中心点の動きのパターン。プロでもいろいろなパターンがある。だがダウンスイングで前に動いてしまうパターンは、つじつまを合わせることがむずかしくなるので、一般的には修正をおすすめする

全身の動きの司令塔はカラダの中心にある

キネティックチェーンを主導するのも腹筋だ！

キネティックチェーンについては40ページで述べた。ベン・ホーガンは「足から動き出す」と説明しているし、「下半身リード」は絶対的なセオリーとされている。

地球上で重力を受けながら動くための必然性として、足から地面に力を加え、その反力を受け取って全身の動きにつなげていく、ということは正しいのだと思う。

確かに、いつの時代のトッププロのスイング動画を見ても、「足から動き出している」ように見えるものだ。それは否定しない。

だが、同じスイング動画を見て「**メインで使っているのはお腹である**」ように見ようとすれば見えてくる。今では私には、そのようにしか見えない。

次の点に着目して、もう一度同じ動画を見てほしい。**ベルトのバックルだ。**

うまい人はスイング中、ベルトのバックルがあまり動かない。足から動かして腰を回すとバックルは腰と一緒に動くが、そういう動きとは違うとしか考えられない。バックルがあまり動かないということは、骨盤はそれほど回っていないということだ。それでも肩は回りクラブは上がっていく理由は、お腹の部分で大きくねじれているから。

カラダの中心近くにあるからこそ、上半身も下半身もお腹の部分の動きでコントロールできる感覚もある。

下半身でリードしても、結局は体幹、つまりお腹の部分がゆるむと、上半身までうまくキネティックチェーンはつながっていかないのだ。

下半身リードで動いているように見ようとすれば見えてくるし、お腹を使って動き出しているように見ようとすえば、そのようにも見えてくる

強者のスイングは身体的負担が大きい

カッコよくプロのように振りたければツラさに耐えよ

手を使えば使うほど、スイングの安定感は悪くなる。狙いどおりに打てるインパクトのタイミングが、一瞬だけになってしまうからだ。

手を使ってクラブの動きをつくらないとすれば、そのほかの部分をしっかりと動かさなければスイングにならない。それが現在の世界のトップたちが目指しているスイングだ。

カラダにとってはかなりキツい。

これは覚悟しなければならないと思う。この動きをしようとしたら、トレーニングをしているアスリートでも100球は打てない。練習場で何カゴも打てる人は、どこかで楽をしている。カラダを動かさず、手で振っているから楽なのだ。

まず一度、手を使わず、体幹だけでつくるスイングの感覚をつかんでみてほしい。ツラくて続けられないと言うならば、少しずつ腕を振り、手を使ってクラブの動きをつくってやればいい。そのぶん体幹の動きは楽ができる。できる範囲で、世界最先端のスイングのエッセンスを取り込めばいいと思う。

そういう動きを今まで生きてきた中でやったことがないからできていないだけ、という人も多い。試しにお腹を思いきって動かしてみてほしい。

「もう歳だし」とか「カラダが硬いんで」といった理由を口にして尻込みする人もいるが、本当にこの動きができない人は、あまり見たことがない。

「カラダが硬い」と言っても、リキんで硬直しているだけで、「じゃあ、ボールのないところで素振りしてみましょう」とか「クラブを持たずに、胸の上に両腕を乗せた状態で回転＋側屈＋伸展＋スライドしてみましょう」と言うと、できるものだ。

体幹を使えば使うほど、腕の動きは少なくて済む。だから安定感が高まる。だが、カラダにはキツい。手を使えば負担は小さくなるが、安定感は低下する。それを練習量で補うという選択肢もある

滑りそうだと感じると力が入って動きが悪くなる

カラダはツラくなる。その代わりに何か楽にしてあげないと、申し訳ない。

カラダをがんばって使えば、そのぶん腕や手は使わなくてよくなる。そうすると、右ヒジ、右手首のケガをする可能性が減る。手を使ってヘッドを振り下ろし、それで軌道が悪くなってダフったりトップし、その衝撃で痛めていたのだから。

ということで、手の力についてデータで明らかになったことをここで説明したい。

手の力を抜け、とはよく言われるが、手の力が抜けない環境というものがある。

それは、グリップが滑ると感じるとき。何か違和感があるとき。

滑りそうだと思えば、それを防ごうと力を入れて握ってしまう。そしてその結果としてケガもあり得るが、それ以前にもっと大事なことが起きる。

ヘッドスピードが落ちる。

グローブをしたときのスイングと、しないときのスイングで、明らかにヘッドスピードが違ってくる人が多いのだ。

グローブをしないという選択肢も含め、**手とグローブとの相性というものがある。素材はもちろん、サイズも含めていろいろ試してみると、ヘッドスピードが明らかに高まるものが見つかると思う。**

滑ると感じず、安心して振れるものを探そう。力が抜ければヘッドスピードが上がる。もちろんムダな力で、スイングの動き自体が悪くされることもなくなる。

グローブとの相性

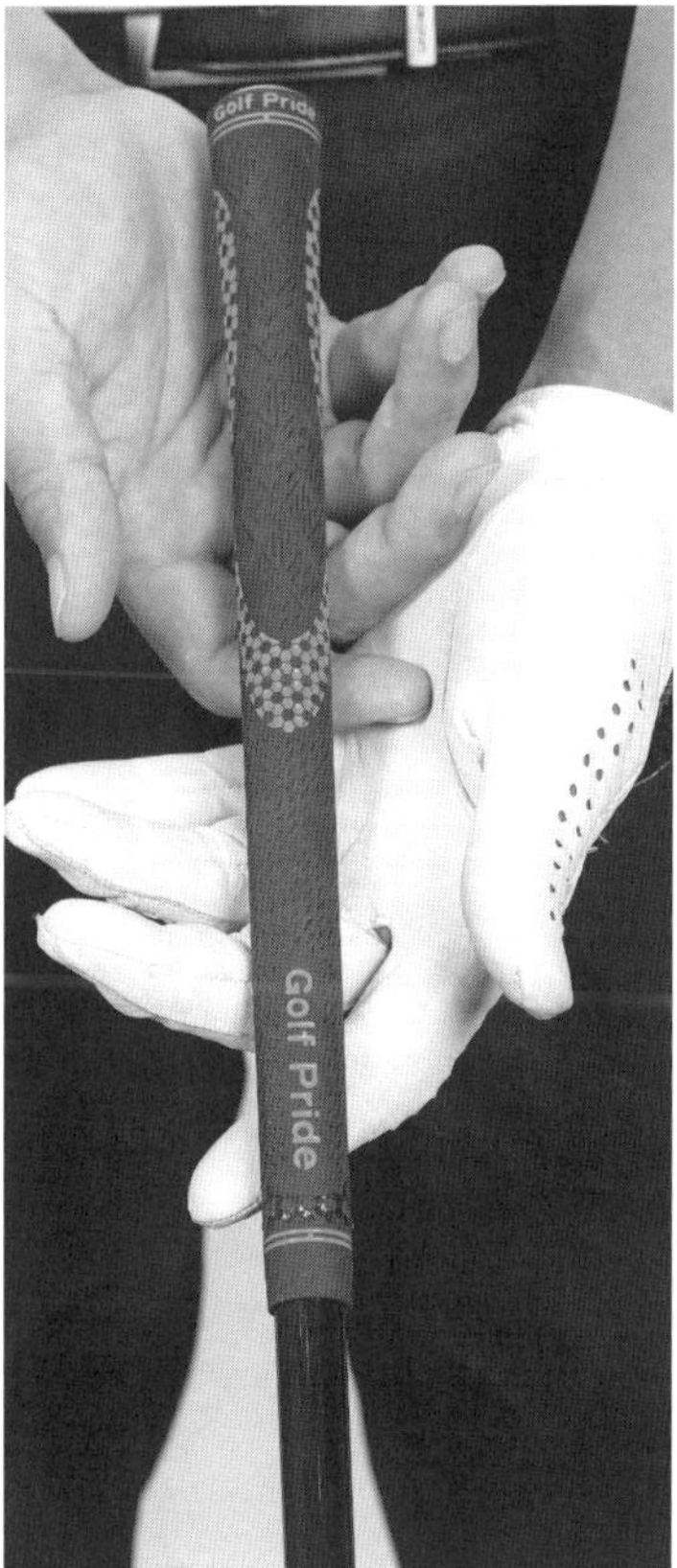

グローブとグリップの組み合わせでも感じ方は変わる。人それぞれ手による感じ方はまったく違うのだ。グローブのフィッティングはいちばん安価で即座にヘッドスピードを上げる方法かもしれない

ボールとアイアンの進化がスイングを変えた

低重心アイアンはゆるやかな入射角で打つ

昔から「インパクトは意識するな。通過するだけ」というセオリーがあるのも、手に力を入れさせないためだ。ボールを打とうとすれば強く当てたくなり、力が入る。

特にアイアンの場合、上からヘッドを打ち込むというイメージがあったため、力で叩く意識が生まれていたと思う。

アイアンの構造上、そしてボールが地面にあるという条件ゆえ、アイアンは上から入れざるを得なかった。V字軌道と言われたものだ。

だが、現在のアイアンは、かなり重心が低くなってきている。それほどヘッドを上から入れて、ボールをつぶしてフェースの上でせり上がらせなくても、打ち出し角度は高くなる。重心位置だけの問題ではなく、高反発素材のフェース、さらにボールの進化もあり、打球は簡単に高く上がるのだ。球離れが早いと、打ち出し角が高くなるのである。

それによって**今のアイアンはU字の軌道で振ればよくなっている。インパクトゾーンで**

横からボールに当ててやるイメージだ。それでもボールは上がり、結果も安定する。

上からぶつける意識とは違い、横からのインパクトは、スパーンと振り抜くイメージがもちやすくないだろうか。イメージによっても力が入るか抜けるかが変わってくる。力の抜けやすいイメージの追求も、きっと役立つだろう。

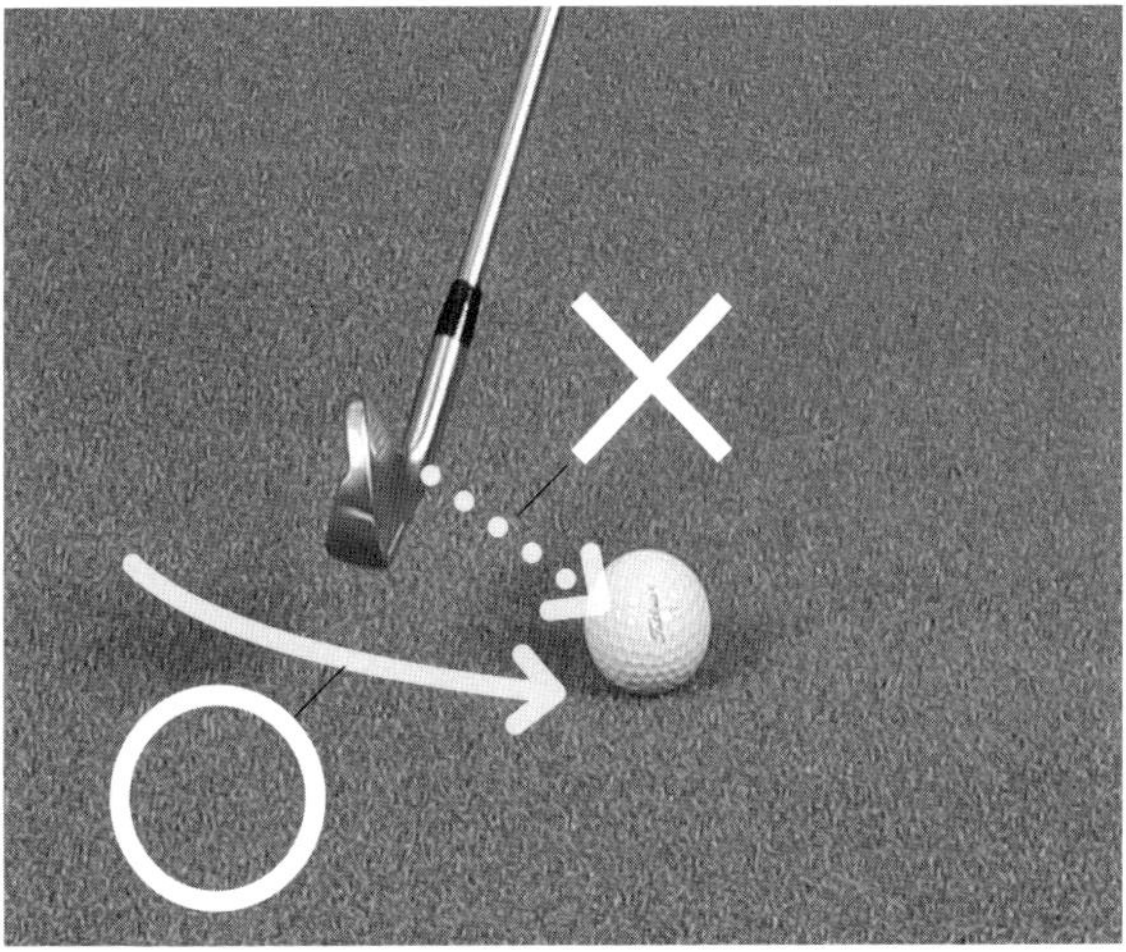

上からヘッドを入れるのは重心の高いアイアンで打ち出しを高め、スピンによって止める技術。だが、最近の重心の低いアイアンは、横から当ててやれば飛んで止まる球が打てる

ゴルフ新常識 35 プロたちは降下角度を気にしている

スピンを減らしたアイアンでボールを止める方法

弾道の高さと降下角度で止める

ボールの進化、クラブの進化でスピン量は減ってきている。ドライバーはそれでいいが、アイアンもそれでいいのか。いいのである。

アイアンは、なだらかにピークまで上っていき、またなだらかな角度で落下するような弾道ではない。**前へと伸びていった弾道がある球速まで落ちてくると、そこからスーッとほぼ真下へ落下する**のだ。真下へ落下すれば、弾んで前に進んだりしないから、落ちた場所に近いところで止まる。

弾道測定器が打球の降下角度まで測定するのは、コーチやプロたちがそうした理由でこの角度を重視しているからなのだ。

スピンで止めるのではないから、硬いグリーンでも止まる。スピンがかかるときとかからないときの差が出なくなる。グリーンの芝の違いにもあまり左右されない。アゲンストの風にも負けない。

　これを実現する理由の一部を担っているのが、高反発素材をフェースに用いたアイアンである。もう、「軟鉄の打感が……」とこだわる時代ではないということだ。

急角度で降下

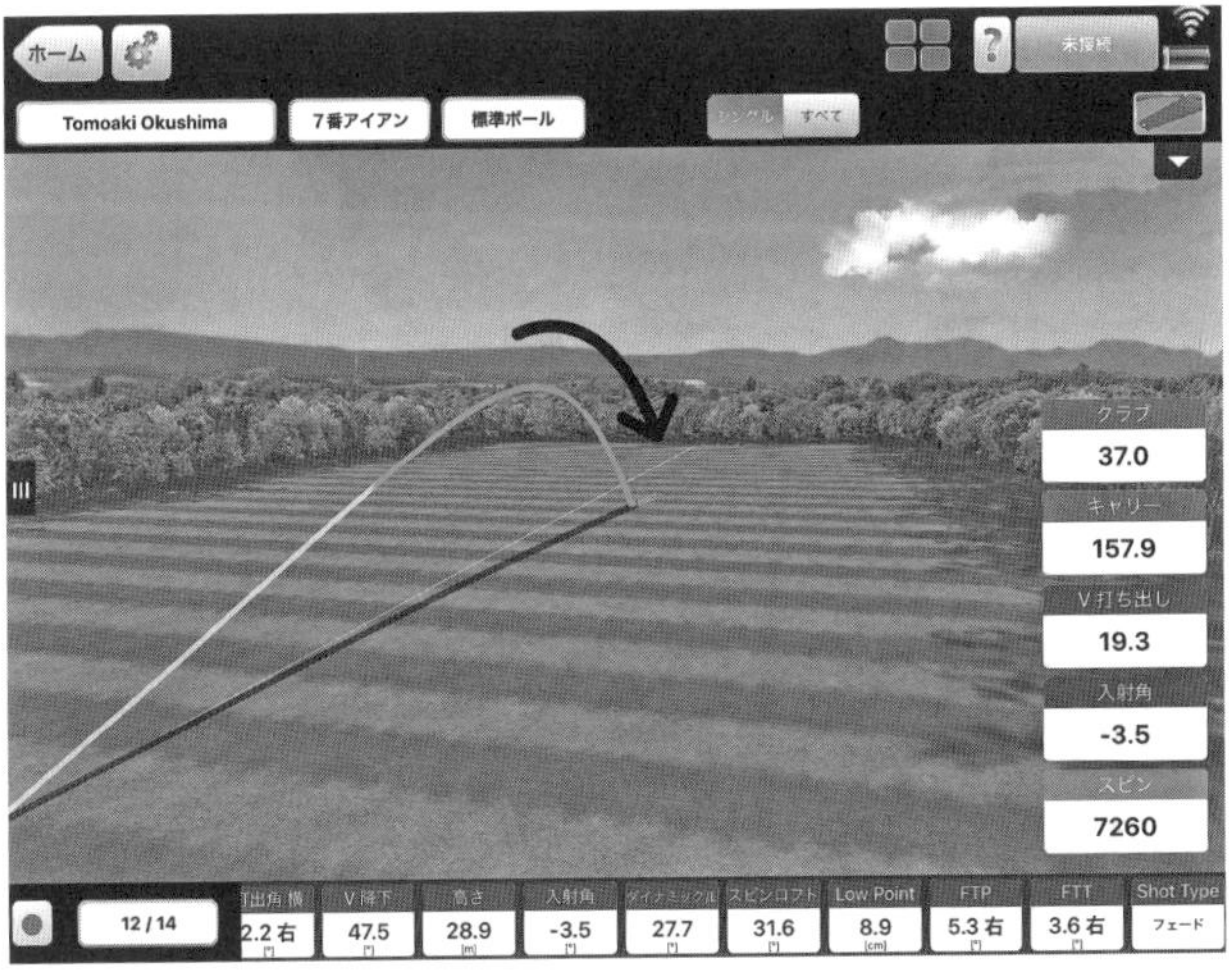

アイアンはピークまで前へ進むと、そこからはスーッと落下する弾道になるように、球速、打ち出し角度、スピン量が計算されてできている。上から落ちる打球はスピン量やグリーンの硬さに影響されず、距離の安定につながりやすい

ライ角チェックは欠かせない

数値データを生かすため クラブは定期検査を！

ある番手だけ、変な打球が出る、という場合があるかもしれない。あるいは、先週までいい球が打てていたのに、急に飛ばなくなったとか、そういうことも起こりえる。

特に軟鉄アイアンを使い、練習場でよく球を打っている人にその可能性はある。地面を打っている人、とは言っていない。そういう人のほうがなりやすいのは事実だが、いいインパクトをしている人でも、そうなる。

練習場のマットの下はコースのターフよりもずっと硬い。そこへソールが当たっているのだ。ネックの部分は細いため、どうしてもここに衝撃の負担が重なり続けると、ライ角が変わってくる。フェースの向きも変わってしまう。

ライ角、フェース角など、クラブのスペックが適切でなければ、最新機器で測定しながらスイングの矯正をする取り組みがムダになる。

測定したデータを元に、変化を具体的な数字として確認しながらスイングづくりができる時代なのだ。それを最大限活用するためにも、使っているクラブのスペックをつねに自分に合うようにそろえておくことが必要だ。

チューンナップの専門家は、週イチで練習する人なら3年に1度はチェックすべきと言っている。これは覚えておいていいだろう。

それと、チューンナップの専門家によれば、「クラブを新調したら、まずスペックのチェックを。特にライ角だけでも、全番手を自分に合わせると、結果は良くなる」とのこと。人それぞれ身長はもちろん、手の長さも違って手の位置が変わる。となると、一般的なライ角に皆が皆、そのままフィットするとは限らないのだから。

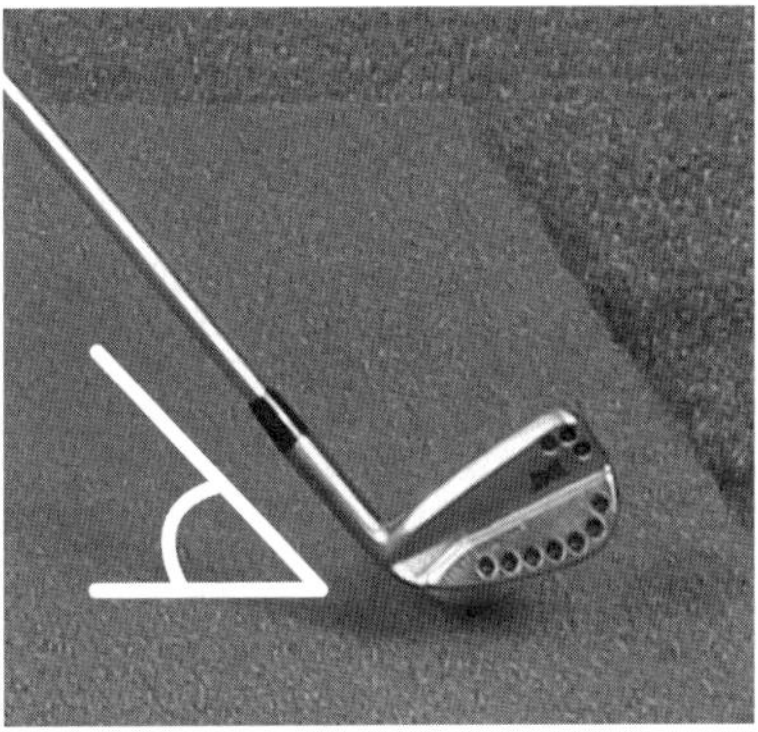

軟鉄アイアンは使っているうちに、ライ角やフェースの向きにズレが生じる場合がある。多く練習している番手ほどズレてしまう。その番手で真っすぐ飛ぶスイングをつくっても、ほかの番手ではうまく打てなくなるという事態が起きる

一部に集中し、全体の中の一部ととらえ直す

スイングの矯正は、スイングの一部分を切り取って、右手の動きとか、左ヒザの動き、あるいは切り返しでの動き方など、個別に修正するという方法が多いと思う。「切り返しはこの方向に手を下ろして」といった具合に、修正しようとしているシーンをよく見かけるものだ。

その動きの修正自体は必要なものだったりする。

だから、**一カ所、一部分に集中して、動きを変えていく作業**も大切だ。特にクセになってしまっている動きは、素振りでいくら直したつもりになっていても「ボールを打つ」意識に変わった途端、元の木阿弥ということもよくあることだから、根気強くやらないとダメだろう。

あとは、大胆に、「ここまでやったらおかしいよな」と思えるくらい変えてみる。自分の感覚としてはまったく違うことをやるくらいの動きに変えることが大切だ。

でも、あくまでも、そういう作業〝も〟必要だということ。

次のステップとして、もうひとつ必要なことは、それで**変えた部分をスイングの全体の中の一部としてとらえ直すこと**だ。それで全体がどうなったのかということに意識を向け、全体の中の一部としてその動きを組み込み直してみる。

スイング改造にはその2段階のステップが必要だと思う。こうした作業をすることで、自分のスイングについての感覚や考えというものがどんどん深まっていくと思う。それがあれば、調子が悪くなっても、自分で立て直していくことができる。

たとえば切り返し。どう下ろすのかをチェックする人は多い。だが一部分の動きを変えると、全体もその影響を受けて変わっていく。全体の変化にも目を向けながら、一部の修正に取り組むことも大切だ

もう1回言います、6DoFですよ！

縦と横（2次元）だけのつじつま合わせの泥沼から抜け出そう

まとめよう。

多くの人は、6DoFの動きのうち、スライドと回転しか意識がない。「ダウンスイングは左足に体重を乗せながら回転し、腕を縦に下ろそう」としているが、うまく打てない。スライスだ。

目標方向に上半身が突っ込んでしまう。

だから、「胸を右に向けたまま腕を振ろう」とする。それでビハインド・ザ・ボールがつくれてうまくいくが、すぐに効果はなくなる。確率も悪い。逆にフックが出る。

回転が止まっているのだから、当たり前だ。

そこで今度は「腕を振ろう」とする。それで正面ヒットのスイングのできあがり。でも、やっぱり確率は悪い。

つじつまは合わせている。カラダを右に向けたまま腰を回せば、結果的に側屈は入ってくる。だが、また胸を回さなきゃと指摘されたりする。

いたちごっこのようなもので、こうなると永遠に、おかしくなったところにパッチを当てる作業を続けることになる。

しかし、6DoFの考え方をとり入れると、変わる。

バックスイング、ダウンスイングともに、回転、側屈、伸展・屈曲、スライドの4種類の動きにほぼ限定できることがわかっていれば、スイング矯正をしているときに、自分が変えようとしている動きが、その4つの要素にそれぞれどういう影響があるか一つひとつ確かめながら、試せるようになる。

すべてはその4つの動きの組み合わせであり、それぞれは関連し合っている。どれかを変えれば、ほかの要素も影響を受けて変わる。

そのチェックができるということが、非常に大きいのだ。

その4つに視点を絞ってチェックしていけばいいのだから、悪い部分を見つけることも容易になる。いたちごっこは続くとしても、とんでもない方向に行ってしまうことはなくなる。

おわりに

スイングについて考える人の数だけ、理論は生まれると思う。人、それぞれ違うからだ。カラダのプロフィールや、これまでどういう理論を取り入れて取り組んできたかというヒストリーが違い、そうした要素がその人の個性をつくっている。だから、その人にはその人の理論ができて当然だ。

だから、どうか、すでにあるような「なんとか理論」に自分をはめこまないでほしい。正解はゴルファーの数だけある。

自分がうまく打てる、自分の組み合わせをつくることに取り組んでほしい。6DoFの動きの組み合わせだ。

自分に合った組み合わせなら、再現性高く打てる。どんな組み合わせでも良いと思う。ただ、6DoFの6方向それぞれの動きについては、人によって得意不得意があるだろう。「これはできるけど、あれはあまりできない」ということはあると思う。ケガの経歴とかいろいろな問題でどうしてもできないとか、可動域が限定されているとか。

今まで取り組んできたスイングの影響も根強く残るものだ。

でも、できない動きがあるからといって、問題はない。ほかの動きでカバーできるのだから。

組み合わせ方は無限ではなく、6DoFの分だけ。

それでも、かなりの数の組み合わせ方ができるはずだけれど、一つひとつ試していけば、安定して方向性や飛距離を出せる組み合わせは、いくつかに限られてくる。

もう、ゴールが見えないなかで手探りで取り組むことではなくなっている。そこまでスイングについての研究は進んだのだ。

正解がないのだから、「ひとつの答え」など、ここでは書けなかった。でも、自分に合った「答えのいくつかの候補」は見つけられると思う。そのためのヒントを出せる限り出したつもりだ。

努力は実る。きっと。本書がそのお役に立てたなら、うれしい。

最後までお読みくださり、ありがとうございました。

2017年10月　奥嶋誠昭

著　者　**奥嶋誠昭**（オクシマ・トモアキ）

(株)ノビテック所属・テクニカルアドバイザー＆ツアーコーチ。ゴルフを科学するスタジオ「ノビテックゴルフスタジオ」（ヒルトップ横浜クラブ内／横浜市）にて、さまざまな世界最先端機器を駆使し、科学的かつ客観的にアマチュアからツアープロまで分析、指導を行っている。スイング解析システム「GEARS」マスターインストラクター、弾道測定器「フライトスコープ」プロフェッショナル、ドクタークォン・バイオメカニクスレベル1、TPI認定ゴルフインストラクターレベル1。1980年生まれ。

ワッグルゴルフブック

科学《かがく》が解明《かいめい》した「ゴルフ新常識《しんじょうしき》」

ザ・リアル・スイング

2017年10月10日　初版第1刷発行
2017年11月30日　初版第2刷発行

著　者……………奥嶋誠昭
発行者……………岩野裕一
発行所……………株式会社実業之日本社
〒153-0044 東京都目黒区大橋1-5-1 クロスエアタワー8階
電話（編集）03-6809-0452
（販売）03-6809-0495
ホームページ………http://www.j-n.co.jp/
印刷・製本…………大日本印刷株式会社

ISBN978-4-408-33738-8（第一スポーツ）